作者简介

万喆，女，北京师范大学一带一路学院正教授级研究员、正高级经济师、经济学博士、珠海市政协委员。曾任国家发改委国际合作中心首席经济学家、中国黄金集团首席经济学家。兼任中国现代金融学会常务理事、《金融论坛》编委会委员、达沃斯世界经济论坛未来理事会专家委员会委员、国际自动控制联合会（IFAC）金融组副主席、中信改革发展研究基金会资深研究员。长期从事"一带一路"国际合作、宏观经济、企业战略、资本市场、国际经贸等研究。在学术刊物及人民日报、光明日报、经济日报等中央媒体发表文章数百篇。

本书系北京师范大学珠海校区引进人才科研启动专项"'一带一路'建设推动形成双循环新发展格局"成果

高质量共建"一带一路"丛书 | 王守军 胡必亮 主编

"一带一路"与新发展格局

万 喆 著

BELT
AND
ROAD

北京师范大学出版集团
BEIJING NORMAL UNIVERSITY PUBLISHING GROUP
北京师范大学出版社

总　序

　　2008 年，金融危机在美国全面爆发并迅速通过股市、债市、汇市、贸易、投资等渠道快速扩散到了与美国经济金融关系紧密的欧洲，因此欧洲很快也陷入了严重的债务危机之中。同时，金融危机也蔓延到了整个世界，新兴市场国家和发展中国家也深受其害。为减轻不利影响，世界各国都采取了积极应对之策以稳定金融秩序、刺激经济增长。美联储在一年左右时间连续降息 10 次后使联邦基金利率为零，奥巴马总统上台不到一月就签署了总额为 7870 亿美元的经济刺激计划；我国的反应更快，在美国金融危机尚未全面爆发之时，国务院已于 2008 年 11 月出台了十项措施，投资 4 万亿人民币刺激经济增长；欧盟建立了一个总额为 7500 亿欧元的救助机制以遏制债务危机的进一步扩散并捍卫欧元。总之，世界各国、各区域都采取了积极救市政策，试图缓解和控制金融危机的扩散。

尽管如此，2008 年的全球金融危机还是给全世界的金融、经济、政治等各方面都带来了很多负面影响，而且这些影响是长期的、深刻的。以欧洲为例，直到 2012 年，欧洲债务危机仍然十分严重，欧洲经济疲软、失业率居高不下。其他地区和国家的具体情况可能有所不同，但总体而言 2008 年的全球金融危机发生多年后，世界金融市场并不稳定，经济增长仍然乏力，失业率依然较高，有些国家还出现了政治动荡，全球治理更加失序。

在这样的历史背景下，联合国和其他国际组织以及很多国家都提出了一些帮助世界稳定金融秩序、促进经济增长、完善全球治理的倡议和方案。也正是在这样的国际大背景下，结合中国进入新时代后构建全面对外开放新格局的需要，习近平总书记利用他 2013 年秋对哈萨克斯坦和印度尼西亚进行国事访问的机会，先后提出了共建丝绸之路经济带和 21 世纪海上丝绸之路的重大倡议，合称"一带一路"倡议。

习近平总书记提出共建"一带一路"倡议的基本思路，就是用创新的合作模式，通过共同建设丝绸之路经济带和 21 世纪海上丝绸之路，加强欧亚国家之间以及中国与东盟国家之间乃至世界各国之间的政策沟通、设施联通、贸易畅通、资金融通、民心相通，从而使世界各国之间的经济联系更加紧密、相互合作更加深入、发展空间更加广阔。从经济方面来看，通过共建"一带一路"，加强世界各国的互联互通，更好地发挥各国比较优势，降低成本，促进全球经济复苏；从总体上讲，参与共建各方坚持丝路精神，共同把"一带一路"建成和平之路、繁荣之路、开放之路、创新之路、文明之路，把"一带一路"建成互利共赢、共同发展的全球公共产品和推动构建人类命运共同体的实践平台。

在共建"一带一路"倡议提出五年多时间并得到世界绝大多数国家和国际组织认可、支持并积极参与共建的良好形势下，习近平总书记在2019年4月举行的第二届"一带一路"国际合作高峰论坛上又进一步提出了高质量共建"一带一路"的系统思想，包括秉承共商共建共享原则，坚持开放、绿色、廉洁理念，努力实现高标准、惠民生、可持续目标等十分丰富的内容，得到了参会38国元首、政府首脑和联合国秘书长、国际货币基金组织总裁以及广大嘉宾的高度认可。这标志着共建"一带一路"开启了高质量发展新征程，主要目的就是要保障共建"一带一路"走深走实，行稳致远，实现可持续发展。

面对2020年出现的新冠肺炎疫情全球大流行的新情况，习近平总书记提出要充分发挥共建"一带一路"国际合作平台的积极作用，把"一带一路"打造成团结应对挑战的合作之路、维护人民健康安全的健康之路、促进经济社会恢复的复苏之路、释放发展潜力的增长之路；2021年4月，习近平总书记又提议把"一带一路"建成"减贫之路"，为实现人类的共同繁荣作出积极贡献。

随着共建"一带一路"的国际环境日趋复杂、气候变化等国际性问题更加凸显，习近平总书记从疫情下世界百年未有之大变局加速演变的现实出发，在2021年11月举行的第三次"一带一路"建设座谈会上，就继续推进共建"一带一路"高质量发展问题提出了有针对性的新思想。重点是两个方面的内容：一方面，坚持"五个统筹"，即统筹发展和安全、统筹国内和国际、统筹合作和斗争、统筹存量和增量、统筹整体和重点，全面强化风险防控，提高共建效益；另一方面，稳步拓展"一带一路"国际合作新领域，特别是要积极开展与共建国家在抗疫与健康、绿色低碳发展与生态环境和气候治理、数字经济特别是"数字电商"、科技创新等新领域的合作，培养"一带一路"国际合作新增长点，继续坚定不移地推动共建"一带一路"高质量发展。

在我国成功开启全面建设社会主义现代化国家新征程、向第二个百年奋斗目标进军的关键历史时刻，习近平总书记在中国共产党第二十次全国代表大会上又一次明确指出，推动共建"一带一路"高质量发展。

为了全面、准确理解习近平总书记关于高质量共建"一带一路"的系统思想，完整、系统总结近十年来"一带一路"建设经验，研究、展望高质量共建"一带一路"发展前景，北京师范大学一带一路学院组织撰写了这套《高质量共建"一带一路"丛书》，对"一带一路"基础设施建设、"一带一路"与工业化、"一带一路"贸易发展、"一带一路"金融合作、绿色"一带一路"、数字"一带一路"、"一带一路"与新发展格局、"一带一路"与人类命运共同体、"一带一路"投资风险防范等问题进行深入的专题调查研究，形成了目前呈现在读者面前的这套丛书，希望为广大读者深入理解高质量共建"一带一路"从思想到行动的主要内容和实践探索提供参考，同时更期待大家的批评指正，帮助我们今后在高质量共建"一带一路"方面取得更好的研究成果。

2021 年中国共产党隆重地庆祝百年华诞，2022 年党的二十大的召开，对推进我国社会主义现代化强国建设都具有十分重要的战略意义；今年也是北京师范大学成立一百二十周年。因此，我们出版这套丛书，对高质量共建"一带一路"这样一个重大问题进行深入探讨，很显然也具有重要且独特的历史意义。北京师范大学出版集团党委书记吕建生先生、副总编辑饶涛先生、策划编辑祁传华先生及其团队成员都非常积极地支持这套丛书的出版，并为此而付出了大量时间，倾注了大量心血，对此我们表示衷心感谢！我们的共同目标就是希望用我们的绵薄之力，为推动共建"一带一路"高质量发展、为实现中华民族伟大复兴以及为推动构建人类命运共同体而作出应有的贡献。

王守军　胡必亮

2022 年 10 月 26 日

序　言

　　2021年是中国共产党成立一百周年，在百年变局和世纪疫情相互叠加影响下，中国经济稳中求进，实现第一个百年奋斗目标，开启向第二个百年奋斗目标进军新征程，构建新发展格局迈出新步伐，高质量发展取得新成效，实现了"十四五"良好开局。中国经济稳中有进，经济总量迈上110万亿元新台阶，达到114.367万亿元，在世界经济中的比重由17%以上扩大到18%以上。

　　构建新发展格局作为习近平经济思想的重要组成部分，是由我国经济社会发展的理论逻辑、历史逻辑、现实逻辑决定的，同时也明确了我国经济现代化的路径选择。中国经济经历了改革开放后持续数十年的高速增长，拉动经济发展的三驾马车——出口、投资、消费的权重发生转变，中国经济从高速增长进入了高质量发展阶段。投资促进国内生产总值（GDP）上涨效能降低，出口拉动经济增长面临着世纪疫情所造成的产业链供应链断裂、外部环境日趋纷繁复杂和制造业转移的挑战，内需消费已经成为拉动中国新时代经济增长的主要驱动力，构建消费支撑的国内大循环为主体、国内国际双循环相互促进的新发展格局成为中国经济高质量发展的必然选择。

共建"一带一路"是习近平外交思想和经济思想的集大成者，是习近平总书记深刻思考人类前途命运以及中国和世界发展大势，推动中国和世界合作共赢、共同发展作出的重大决策，是推动构建人类命运共同体的重要实践，也是中方向世界提供的重要全球公共产品。"一带一路"建设是构建新发展格局的重要内容、重要平台和重要保证，通过"一带一路"建设，促进和提升我国对外互联互通水平，可以为构建新发展格局创造条件。

总体上看，经济全球化大方向没有变，国际格局发展态势对我有利，共建"一带一路"仍面临重要机遇。同时，以美国为首的西方国家奉行冷战思维，拉帮结派，实行"脱钩断链"，构筑"小院高墙"，追求零和博弈与你输我赢，将世界引向"两大阵营"，进一步加剧了世界范围内的意识形态与价值观对立，加大对共建"一带一路"打压限制。面对新形势新挑战，共建"一带一路"逆风前行，展现出强大韧性与澎湃活力。截至 2022 年 6 月，中国已与 149 个国家、32 个国际组织签署 200 多份共建"一带一路"合作文件，共建"一带一路"的朋友圈越来越大。

党的二十大报告第四部分"加快构建新发展格局，着力推动高质量发展"，将加快构建新发展格局和共建"一带一路"高质量发展放在同一部分进行论述，这不仅是党在新时代十年伟大变革的基础上探索理论和实践结合的成果，更是体现了构建新发展格局和共建"一带一路"高质量发展的相互促进、有机统一，是未来五年乃至更长时间内指导共建"一带一路"发展方向的指南。在开启第二个百年的新征程上，要推动共建"一带一路"行稳致远，更好服务构建新发展格局，必须聚焦新发力点，塑造新结合点，最终实现共建"一带一路"与构建新发展格局同频共振。

2020 年 11 月，万喆研究员被北京师范大学一带一路学院引进专职从事"一带一路"理论和实践研究，确定"'一带一路'建设推动形成双循环新发展格局"作为引进人才科研项目。近一年以来，万喆研究员以习近平新时代中国特色社会主义思想为指引，深入学习习近平外交思想和经济思想，心怀"国之大者"，坚持目标导向和问题导向，以北京师范大学引进人才科研项目为牵引，参加国家发改委多项重大课题研究，从世界经济、国际政治、区域经济、文化体育、粮食安全、风险防控等方面对"一带一路"和新发展格局的关系进行了深入研究，上报了 15 份课题研究报告，在权威刊物上发表了 50 篇论文和文章，其中在"三报一刊"发表 20 篇理论文章。

本书将选取"'一带一路'建设推动形成双循环新发展格局"课题研究的部分成果，汇集成篇，希望能为"一带一路"与新发展格局的研究提供参考。

胡必亮

2022 年 10 月

目　录

第一章 | 正确把握"一带一路"与
新发展格局的关系

2020 年 4 月 10 日，习近平总书记在中央财经委员会第七次会议上发表重要讲话，首次提到"新发展格局"这一重要概念：国内循环越顺畅，越能形成对全球资源要素的引力场，越有利于构建以国内大循环为主体、国内国际双循环相互促进的新发展格局，越有利于形成参与国际竞争和合作新优势。此后，习近平总书记多次就构建新发展格局作出部署，为我国未来发展指明了前进方向。党的十九届五中全会通过的《中共中央关于制定国民经济和社会发展第十四个五年规划和二〇三五年远景目标的建议》提出，要加快构建以国内大循环为主体、国内国际双循环相互促进的新发展格局。2021年3月11日，十三届全国人大四次会议表决通过了关于"十四五"规划和2035年远景目标纲要的决议。《中华人民共和国国民经济和社会发展第十四个五年规划和2035年远景目标纲要》正式实施，立足新发展阶段、贯彻新发展理念、构建新发展格局成为"十四五"期间中国经济发展的主题词。

党的二十大报告第四部分"加快构建新发展格局，着力推动高质量发展"提出，"高质量发展是全面建设社会主义现代化国家的首要任务"，"必须完整、准确、全面贯彻新发展理念，坚持社会主义市场经济改革方向，坚持高水平对外开放，加快构建以国内大循环为主体、国内国际双循环相互促进的新发展格局"，这一论述深刻说明了高质量发展是"首要任务"，而加快构建新发展格局是高质量发展的"实现路径"。

第一节　新发展格局提出的历史背景

新发展格局是指以国内大循环为主体、国内国际双循环相互促进的发展格局。这是以习近平同志为核心的党中央，深刻把握我国社会主要矛盾发展变化带来的新特征新要求，着眼中国经济中长期发展作出的重大战略部署。

改革开放以来特别是加入世贸组织以后，中国深度加入国际大循环，市场和资源"两头在外"，形成"世界工厂"发展模式，对中国经济快速发展、人民生活迅速改善发挥了重要作用。但是，近年来随着国际国内形势的变化，中国的经济发展遇到了一些新情况新问题：从国内看，经过长期努力我国人均国内生产总值超过一万美元，需求结构和生产方式发生重大变化，生产体系内部循环不畅和供求脱节现象显现，"卡脖子"问题突出，结构转换复杂性上升。从国际看，近年来西方主要国家民粹主义盛行、贸易保护主义抬头，经济全球化遭遇逆流，新冠肺炎疫情影响深远广泛，逆全球化趋势更加明显，全球产业链面临重大冲击。面对变化了的国内国际形势，必须在打通国际大循环的同时，进一步畅通国内大循环，提升我国经济发展的自主性，如此才能推动经济持续健康发展。

2021年，中国进入了"十四五"规划的开局之年。"十四五"时期经济社会发展，要以推动高质量发展为主题，以深化供给侧结构性改革为主线，以改革创新为根本动力，加快构建新发展格局。构建新发展格局，关键在于实现经济循环流转和产业关联畅通。根本要求是提升供给体系的创新力和关联性，解决各类"卡脖子"和瓶颈问题，畅通国民经济循环。而要做到这一点，必须深化改革、扩大开放、推动科技创新和产业结构升级。要以实现国民经济体系高水平的完整性为目标，突出重点，抓住主要矛盾，着力打通堵点，贯通生产、分配、流通、消费各环节，实现供求动态均衡。

因此，构建新发展格局，是在百年变局和世纪疫情相互叠加的背景下，中国经济面临国际国内形势日趋复杂的情况下提出的。构建新发展格局是与时俱进提升我国经济发展水平的战略抉择，也是塑造我国国际经济合作和竞争新优势的战略抉择，对于实现我国更高质量、更有效率、更加公平、更可持续、更为安全的发展，有力拉动世界经济复苏和增长具有重要而深远的意义。

第二节　深刻认识"一带一路"建设和新发展格局的统一性

"一带一路"倡议作为习近平总书记提出的重大国际合作倡议，是推动构建人类命运共同体的重要实践，是中方向世界提供的重要全球公共产品。"一带一路"倡议致力于推动互利共赢的国际合作，以互联互通为主线，推进政策沟通、设施联通、贸易畅通、资金融通、民心相通，并在健康、绿色、数字等领域挖掘新增长点，协同推进基础设施"硬联通"、规则标准"软联通"、共建国家人民"心联通"。

2020 年以来，新冠肺炎疫情在全球蔓延，俄乌冲突导致地缘政治紧张，全球产业链供应链面临断裂，世界经济复苏不稳定，"一带一路"建设受到一定的冲击，国内外一度出现"一带一路"暂停论，认为"一带一路"在疫情冲击下，面临人员流动、资金流动、项目复工复产受阻、债务问题等困难，已经"难以维持"。一些学者甚至提出，中国正在构建新发展格局，是在搞内循环，"一带一路"建设不得不进行收缩。不管是"一带一路"暂停论还是收缩论，都没有正确理解"一带一路"建设和新发展格局的内在逻辑联系。实际上，"一带一路"建设和新发展格局两者有着共同的基础和特征。

第一，都是大国向强国发展的标志。从历史经验来看，在一个国家走向经济强国的过程中，必然伴随着构建完善的内需体系，国内国际双循环相互促进的新格局形成。目前全球人口和市场规模较大的发达国家，包括美国，基本上都属于这种类型。"一带一路"倡议是习近平总书记立足国内国际大局，在新的历史阶段扩大全方位开放的重要举措，也致力于使更多国家共享发展机遇和成果，为沿线国家提供公共产品。

第二，都是突出体现"通"字。"一带一路"的"五通"即政策沟通、设施联通、贸易畅通、资金融通、民心相通，就是真正意义上的"双循环"。通过"五通"，打通国内外的商品、要素市场，优化配置沿线国家的既有资源。加快形成双循环新发展格局的关键则是畅通，打通各市场要素在循环中的堵点、痛点。这两者都通过一个"通"字，促进我国经济、"一带一路"沿线国家经济乃至世界经济保持一定的韧性。

第三，都是建立在以我为主、掌握主动的基础上。当前，美推行"美国优先"，受疫情冲击，全球产业链供应链出现了"断供""断链"的不确定性，全球化在一定程度上倒退，具有"依附经济"的不良特征，从而可能会导致各经济体无法有效地用好自己的竞争优势，还会与其他经济体之间产生严重的贸易和经济摩擦，难以在竞争中培育出自主品牌和技术并取得高附加值。基于国际环境的不稳定性和全球化的困境，中央提出了新发展格局，与"一带一路"建设一样是以我为主、掌握战略主动权的重大决策。

第四，中国未来国际循环的重点是"一带一路"沿线国家。中国政府根据当前国际形势的深刻变化，提出形成国内国际双循环新发展格局，摆脱过度依赖传统国际大循环模式，形成更多的面向南方国家，面向"一带一路"沿线国家的国际大循环模式。一方面，中国作为世界市场加大对全球的开放，继续和世界分享中国市场机遇；另一方面，中国作为世界工厂继续为世界提供中国制造、中国创造和中国智造，形成国内国际大循环相互促进的新发展格局。

第五，新发展格局和"一带一路"建设相互统一、相互促进。"一带一路"建设是构建新发展格局的重要内容、重要平台和重要保证。循环的前提和基础是联通，通过"一带一路"建设，促进和提升我国对外互联互通水平，为构建新发展格局创造条件。

第三节　继续深化"一带一路"建设，
打通国内国际大循环

疫情期间，共建"一带一路"逆势上扬，显示出强大的生命力和号召力。中国与东盟等地区贸易增长等一系列数据，让我们有底气对"一带一路"倡议坚定战略自信，但同时要时刻保持战略清醒。当前，我们可以从夯实平台、广泛合作、重点区域、重点领域、为全球化注入活力五个方面参与国内国际双循环，从而共同提高中国在世界范围内进行资源要素运营配置的能力。

一是夯实平台，让"一带一路"为"双循环"发展提供国际大平台。"一带一路"与"双循环"应互为补充，共同寻找新的增长空间。更加开放的国际循环大格局需要摆脱对传统循环模式的过度依赖，而现有的"一带一路"沿线伙伴关系和"六廊六路多国多港"建设为这一新的循环打下了坚实的基础。在过去几年中，中国也正是通过搭建"一带一路"合作平台与沿线国家分享中国改革开放的红利，并在市场层面形成优势互补、互通有无的关系。虽然不免受到疫情影响，但"一带一路"倡议还是保持了既有的活力。2021 年，我国与沿线国家货物贸易额达 11.6 万亿元，创八年来新高，同比增长 23.6％，占我国外贸总额的比重达到 29.7％。通过实施"一带一路"建设等，继续鼓励中国企业走出去，布局国内国际两个市场。构建"一带一路"内外联通的战略大走廊，加大沿边地区开放，打造内陆开放高地，推动中国形成东西双向、海陆并进多层次多渠道的开放新格局，推动内外循环相互促进。

二是广泛合作。深化与周边国家和地区的合作，并推动各个方面、各路资本形成合力，共建"一带一路"。"一带一路"建设需要促进多边和各国金融机构参与共建"一带一路"投融资，鼓励开展第三方市场合作，通过多方参与实现共同受益的目标。我们也需要与周边国家和地区继续推动经贸往来、人文交流，同时推动双边和多边 FTA（自由贸易协定）谈判，以更加紧密的产业合作、市场融合和人文交流来构建更加顺畅、自主和安全的产业链供应链体系。

三是重点区域，抓住重点区域和国家。为更加有效助力构建新发展格局，"一带一路"建设要更加聚焦中国同周边地区基础设施互联互通，使中国与周边率先形成通畅的双循环发展格局。东盟是疫情后"一带一路"重启的首要之地。RCEP（区域全面经济伙伴关系）进一步促进了区域经济一体化，自 2022 年1 月生效实施以来，覆盖范围不断扩大，为中国与东盟国家的经贸合作带来实实在在的红利。海关总署数据显示，2022 年1—5 月，中国与东盟贸易总值为 2.37 万亿元，增长 8.1%。中国与东盟继续互为最大贸易伙伴。我们应在政策方面继续优化制度化合作，在设施、贸易、资金上予以更多投入。继续加快推进中日韩自由贸易区成立，形成人口超过 15 亿的巨大区域市场，形成稳定的产业链和供应链，特别是在高科技领域产业链和供应链的相对稳定。

四是重点领域，以医疗抗疫合作为切入点，以数字经济合作为重点。要利用我国在抗疫方面的经验和医疗物资的储备，加大与"一带一路"沿线国家抗疫合作力度，建立稳定的"一带一路"医疗供应链，推动"健康丝绸之路"发展。要利用我国在数字经济方面的优势，通过大数据、云计算、人工智能等数字技术，协助跨境电商发展，推动"数字丝绸之路"建设，带动外贸发展。

五是为全球化注入活力。逐步摆脱过度依赖中国作为生产制造中心，欧美作为金融研发中心、消费中心的传统国际循环模式，转向更均衡、更多面向"一带一路"发展中国家的全球化模式。这种模式的转换主要依靠以下几个循环：在推进海外投资的同时，扩大资源品的进口来源地，形成资源品—制造业的循环。通过帮助当地发展，提升当地购买力，形成农产品、轻工业品—消费市场的循环。通过国际工程项目的建设，拉动配套制造业产品的输出，实现制造业—建设项目的循环。通过推动中国投资，提高中国生产性服务业的全球服务能力和全球服务半径，实现生产性服务业—对外投资的循环。

第二章 | "一带一路"与全球经济

习近平总书记在出席 2022 年世界经济论坛视频会议时强调，当今世界正在经历百年未有之大变局。这场变局不限于一时一事、一国一域，而是深刻而宏阔的时代之变。时代之变和世纪疫情相互叠加，世界进入新的动荡变革期。

在纷乱复杂和动荡变革的世界中，要统筹考虑和谋划构建新发展格局和共建"一带一路"，必须从全球化的角度和视野，从百年变局和世纪疫情背景，分析研究世界经济发展的形势，看清中国经济发展大势。

第一节 在疲弱复苏中应对失衡挑战

2021 年，全球经济以复苏为主旋律，各主要经济体经济发展逐步回归正轨，但疫情持续反复仍是经济复苏进程中的最大不确定因素，特别是在全球经济预期不断上调的背景下，复苏不充分、不均衡的现象依然普遍存在，将直接制约未来的复苏节奏与效果。总体而言，世界经济似乎在黎明前夕，但黑暗还有多久，犹未可知。

整体而言，全球经济持续复苏，但分化巨大，不平衡因素积聚，复苏的脆弱性极其明显。从疫情防控情况看，分化极其明显。当中国正致力于"动态清零"并最大限度保障人民健康的时候，在美国等发达国家，所谓的"群体免疫"仍大有市场。然而，随着最新病毒变种"奥密克戎"的出现，新冠肺炎疫情的全球传播态势依旧没有降低的迹象。2021 年年初被寄予厚望的各种疫苗，针对不断变异的新冠病毒的作用几何仍在评估之中。

与此同时，全球出现了一个新名词"免疫鸿沟"，即全球范围内，各国、各地区的疫苗接种率与确诊病例数量、医院病床数量等一样，正呈现两极分化。一些低收入国家疫苗接种率不到 1%，而在一些发达国家，即使民众接种意愿不高，其社会总体接种率也超过了六成。免疫覆盖不足的区域为新病毒变种的传播提供了条件，并将加剧该区域的防疫压力。

美欧等西方国家 2021 年 9 月曾承诺，在当年年底前通过"新冠肺炎疫苗实施计划"，为 92 个最贫穷国家的 40％成年人口提供疫苗。但截至 11 月 25 日，美国只交付了其承诺的 25％的疫苗。根据英国艾尔菲尼蒂数据分析公司的数据，欧盟只提供了其承诺的 19％，英国 11％，加拿大只有 5％，澳大利亚 18％，瑞士 12％。

从财政政策情况看，分化极其明显。在疫情期间，中国等少数国家和地区采取了较为克制的货币财政政策，以美国为首的发达国家则在货币放水和财政"撒钱"上做到了历史极致，并在经济复苏的状态下仍然坚持"通胀是暂时的"言论，从而将全球通胀率推上了高位。2021 年 11 月美国全国居民消费价格指数(CPI)已经是 39 年来最高。

在各方加大对经济复苏的刺激提振下，发达经济体 2021 年通胀水平站上高位，而新兴经济体亦达到更高水平。各国的政策环境进一步加剧了本就存在的问题，也在考验各方调用有效经济工具的能力。2021 年年中，巴西、俄罗斯等国已经多次加息，以防止美国未来加息产生的收缩震荡。

尽管当前美国的债务水平好于 2008 年金融危机后复苏期间，但政策所受掣肘相当明显。2021 年年底，美联储突然改口称"通胀不再是暂时的"，对市场形成很大冲击。欧盟、加拿大等发达经济体也纷纷加息。虽然一些人认为通胀将在 2022 年大幅下降，似乎"涨"的危机会过去。然而，刺激政策结束并不一定就是平稳复苏，美国总统拜登雄心勃勃的 2 万亿美元社会支出计划——"重建美好未来"似乎停滞不前，可能不会在两院获得通过，而结束货币财政刺激可能会在 2022 年令美国经济出现"戒断症状"，这同样是可怕的。

从经济表现看，分化亦极其明显。受财政政策空间影响，各经济体表现存在较大差异，停滞甚至逆转了此前各方经济差距不断缩小的趋势。

国际货币基金组织（IMF）公布的 2021 年主要经济体 GDP 数据显示，2021 年全年，中国 GDP 同比增速为 8.1％，美国、日本、德国、英国、印度、法国、意大利、加拿大、韩国分别为 5.7％、1.6％、2.8％、7.4％、8.3％、7.0％、6.6％、4.6％、4.0％。不同经济体间复苏步伐呈现差异。2021 年，新兴经济体中国和印度保持高速增长，其中中国 GDP 达 114.4 万亿元，按年平均汇率折算达 17.7 万亿美元，稳居世界第二；美国复苏势头虽然强劲，但面临风险巨大，特别是疫情的持续反复对消费复苏支持影响较大；日本经济复苏依然脆弱，特别是疫情恶化对经济部门造成重创，国内需求持续受到抑制；欧洲复苏较为缓慢，并承受通胀压力，大规模经济刺激计划的释放伴随着庞大的债务积累与伴生风险。

　　另外，通胀预期持续加强，特别是疫情影响下的全球贸易投资预期屡屡下挫，部分国家直接投资总额直线跳水，距恢复至疫情前水平仍遥遥无期。世贸组织公布的数据显示，2021 年全球贸易增长 9.8%，低于原预期。疫情波折反复也将对物流运输及国际商旅造成影响，并将对劳动力市场、企业生产及价格产生较大冲击。此外，因各方卫生状况、公共政策和经济部门构成等方面的差异，各国经济复苏的差距持续加大。部分部门又出现了严重的劳动力短缺情况，就业与经济活动尚未完全恢复至疫情前水平；市场上某些商品的供需矛盾依然存在，加上食品与能源成本飙升，相关商品价格上涨幅度及持续时间或将远超预期。

　　从全球看，虽然贸易、就业和收入等领域都处于恢复阶段，但整体复苏依然脆弱，充满了不平衡性，包括国家、企业、人群间的失衡现象依然存在，将最终对经济复苏效果产生实际影响。同时，疫情的冲击也将对全球经济带来某些结构性变化，部分行业、技术及经济行为等将与疫情前呈现较大不同。

　　值得注意的是，在新冠肺炎疫情肆虐的特殊背景下，民族主义、民粹主义、保守主义等社会思潮被进一步放大。美国2021 年年初发生的"国会山"骚乱事件震惊全球，政治环境反射出经济社会中的脆弱性其来有自。从全年来看，美国对中国在防疫、疫苗方面的经验与成绩视而不见，反而在"疫苗联盟"等方面走出了分裂全球的路径。两个大国若无法合作，只能使保守主义下的社会撕裂进一步加剧，使全球疫情下的经济分化进一步扩大，使疫情的控制更加不易，使疫情后的复苏倍加脆弱。

新的一年，对全球经济前景或可以保持谨慎乐观。随着疫情形势、市场需求及劳动力市场等恢复趋稳，供应方压力将有所缓解。但全球通胀持续保持高位，食品和粮食价格高企造成"生活成本危机"，对全球经济复苏造成了极大障碍。IMF总裁克里斯塔利娜·格奥尔基耶娃（Kristalina Georgieva）表示，2022年全球经济前景"黯淡"，但2023年的情况可能会更加严峻，除非各国央行能够控制住通货膨胀。必须注意，多种失衡与差异加剧了经济复苏的不确定性和下行风险。

疫情后的经济复苏是公共财政改革的机遇，这将对未来经济结构更新产生深远影响。但大部分国家对此评估与准备不足，中期政策设计不足，如疫情期间的债务增长是维护经济稳定的必要措施，但有必要将财政支持重新分配给投资领域以支撑中期增长，特别是在教育和基础设施领域。就目前情况而言，部分国家仍然缺少公共财政的中期使用计划。各国政府需清醒地认识到，清晰、健全和负责任的财政框架将有效巩固更强劲、更迅速的经济复苏，并减少失衡风险。此外，疫情让人类更加关心健康与环保。在气候变化议题上，日益增长的减排雄心与实际执行情况存在失衡，清洁能源和基础设施投资仍有待加强。

　　未来，各经济体需将重点放在应对经济前景中的不确定性，和复苏中出现的较为严重的通胀压力等方面，对疫情防控、供应链受限、通货膨胀和公共政策失调等风险给予持续关切。在世界如此脆弱之时，我们更需要认识到"人类命运共同体"的重要性，加强合作，应对不平衡。

第二节　美式经济精致利己主义
影响世界经济复苏

　　美国商务部 2022 年 4 月底公布的数据显示，2022 年第一季度美国实际国内生产总值（GDP）按年率计算下降 1.4%，远远低于市场预期——增长 1.1%，为 2020 年二季度以来首次出现萎缩。而此前，在 2021 年四季度，美国实际 GDP 增速年化率 6.9%，2021 年全年增长 5.7%，创下 38 年以来的高点。美国经济正面临通胀高企、劳动力短缺、供应链中断、外部需求下降以及新冠病毒继续肆虐等多重挑战。

一、全球通胀　美国制造

　　新冠肺炎疫情暴发后，全球经济一波三折，而美国在其间起到了非常大的推波助澜作用。如今全球通胀水平高企，很多国家地区经济增长乏力，一些国家濒临经济崩溃边缘，地缘政治冲突愈演愈烈，美联储加息缩表的进程却一日紧似一日。值此之际，美国公布负增长的 2022 年一季度数据，让人不禁担忧美国货币政策的走势。

从分项数据看，美国经济并没有 GDP 增速看上去那么差，至少内需的消费和投资都还比较强。美联储的货币政策或不会受一季度 GDP 数据的影响，仍保持快速大幅的加息模式。然而，这样的加息周期，对全球意味着什么？

美国快速大幅加息的一个重要背景，就是全球通货膨胀率高企。其中，美国通货膨胀率已经达到 40 年来最高，引发国内民众不满。

当前全球通胀的形成，主要有几个因素。一是美国大水漫灌式的强刺激。自 2020 年新冠肺炎疫情暴发起，美国采取"大放水"的货币和财政政策，造成需求旺盛和资产泡沫，这是需求型通货膨胀。二是供应链不畅，疫情影响、劳动力不足等造成产业链供应链断裂，使得成本升高，这是供给型通货膨胀。三是地缘政治冲突，俄罗斯和乌克兰作为能源和粮食出口"重镇"，其供给受阻，尤其给欧洲带来能源和粮食紧张，这是突发性事件造成的通货膨胀。

这三个因素都和美国有着极其紧密的关系。从货币财政政策看，2020年新冠肺炎疫情暴发后，为应对经济停摆，美国采取了史无前例的货币宽松和财政补贴政策。其中缘由，除了疫情来势凶猛，2020年恰好是美国大选年。因疫情造成经济衰退，特朗普失去部分民心。因此拜登当选后，财政扶持政策开足马力，带来居高不下的全球通胀。

2020年，各国经济几乎都呈负增长，但美国的资本市场却猛涨，显示出"产出没有增加，财富却在增长"的诡异现象。从2014年下半年开始，全球大宗商品市场进入长达6年的下行周期，除了在2016—2017年出现过阶段性反弹，一直处于比较低迷的状态。而从2020年下半年开始，全球大宗商品开启了近三年的牛市，在全球经济停摆之下，其涨幅2020年仍有10.5％，2021年高达30.3％。2021年通胀明显高企之时，美联储主席鲍威尔恰巧换届走人。他一再强调通胀是"暂时"的，使得美联储加息来得相当迟、也就只能相当猛了。

连锁效应在于疫情导致供应链不畅，主要的集装箱运价指数一直处于高位，回落至今不明显。虽然中国防控疫情得力，及早复工复产，为全球产业链物流链顺畅、平抑物价作出极大贡献和支持，但美国非但未停止对华贸易战，反而不断加码。拜登上任后，不但没有将特朗普政府对中国商品加征的关税正常化，反而延续其部分对华遏制政策，不时祭出所谓"黑名单"，阻碍中国企业参与国际贸易和投资。美国保护主义和保守主义的上升，只会推升已经高企的物价。

俄乌冲突爆发后，已经处于历史高位的石油、天然气、大豆、食用油、镍等大宗商品的价格都急速上涨，2022年仅4个月内涨幅已达10.7%，其中油脂、食品、家畜、金属的涨幅较大。俄乌冲突走到今天这一步，不得不说与美国的战略目标和所作所为有着相当直接的关系。尤其是，美国的石油、天然气和粮食产量都相当充足，甚至就是这些大宗商品的出口大国，而欧洲国家却受到大宗商品特别是油气和粮食价格剧涨的极大冲击，必须越洋从美国购买更为昂贵的液化天然气。

二、美国"刹车"全球遭殃

全球市场当前热议的话题离不开"滞胀"。所谓"滞胀"，是指经济增长停滞和通货膨胀高企并存的现象，20世纪70年代就曾在西方出现，引发了一系列经济、社会、政治矛盾，并使经济政策处于极度两难的境地。当前，新冠肺炎疫情尚有反复，经济发展秩序并未完全恢复。在此大背景下，产生如此高的通货膨胀，全球都在担心历史重演。

2022年3月欧洲生产价格指数（PPI）同比上涨达到31.1%，欧元区CPI同比上涨7.5%。剔除能源、食品价格上涨后，欧元区核心 CPI 同比增幅达到 3%。可以说,欧洲的各项通胀指标都达到有数据以来的最高水平。德国 PPI 同比增长 30% 以上,创下 20 世纪 70 年代有数据以来的最高水平;CPI 同比增长 7.3%,比 20 世纪 70 年代"滞胀"时期还要高,甚至逼近两次世界大战时的通胀水平。欧洲一些国家已经因此出现货架空空、商品调价,引发百姓不满,发生了罢工、示威等社会不稳定事件。

在全球面临"滞胀"威胁时,主要经济体本应进一步加强货币财政政策协调,避免主要经济体货币政策"急刹车"或"急转弯",从而产生严重的负面外溢效应。但美国在 2022 年快速加息已成既定事实。从这个意义上来说,"滞胀"时期美国尼克松政府财政部部长康纳利所言的"美元是我们的货币,却是你们的麻烦",在现实中再次上演。

回看 20 世纪的解决办法,美国当年大幅加息,虽然抑制了高通胀,但也同时造成经济衰退。此轮美联储可能的缩表加息,是否也会带来同样的结果?市场对此极其担忧。对于通胀的影响,欧洲虽表示积极应对,但其政策空间较为有限。日本则依旧保持宽松政策。新兴市场经济体早在 2021 年就提前加息,以应对美联储政策转向的影响。但更加细致分析就会发现,各国情况和政策空间都不相同。

得益于"下猛药",美国经济恢复较好,虽有所忧,但加息对自身的影响仍在可控范围内，尤其是美联储自己可掌握政策进程。欧洲和日本则很难跟进，因其"滞"与"胀"的共存较之美国更为严重。截至 2021 年四季度，欧元区 GDP 两年平均增速为 0.3％，远低于疫情之前的 1.6％；而自 2022 年 3 月以来，随着大宗商品价格全面暴涨，欧洲经济明显下行。对于新兴市场经济体而言，风险更大。巴西等虽然提早加息，但通胀水平仍高于预期，随着美联储加息，其经济风险加大。一些国家甚至已经显现出危机苗头，债务违约风险不断上升。

三、利己主义 积重难返

推动世界经济走出危机、实现复苏，必须加强全球主要经济体之间的宏观政策协调，这是世界共识。然而，面对全球产业链供应链紊乱、大宗商品价格持续上涨、能源供应紧张、粮食危机不断升级，全球经济在失衡失速失控的边沿徘徊，美国仍顽固坚持"精致的经济利己主义"。在亚太地区，美国推动所谓"印太经济框架"，构建排除中国的经济小圈子。在欧洲，美国不断给俄乌冲突浇油拱火，提价向欧洲输送天然气，发战争财。在全球，ADM、邦吉、嘉吉、路易达孚四大粮商在粮食危机中挣得盆满钵满。

面对全球加强经济政策协调的呼声，面对全球经济探底的威胁，美国仍顽固按照自己的节奏行事。美联储不断加速加息缩表，这些精致利己主义措施能够抑制通胀，让美国经济重回正常轨道吗？其实并不确定。

从成因看，这一轮通胀高企或者说"滞胀"苗头是综合性因素造成的，不少因素就是美国自身的原因造成的。不消除这些因素，单单使用货币政策就想解决所有问题，恐怕很难。全球抗疫也需要更多的合作、沟通和共识，在技术进步的基础上加大有效疫苗、有效治疗药物等的临床测试和使用推进。在全球贸易投资领域，应减少保护主义、保守主义，尽快实现全球物流链的正常化和通畅化。面对地缘政治冲突，各方需要合作协调，劝和促谈，尽量减少影响。面对多发灾害，环保政策和能源政策可能要重新审视其平衡点，摒弃一些激进观念和政策。

在全球性危机的惊涛骇浪里，各国不是独驾各自的小船，而是共乘一条命运与共的大船。作为全球第一大经济体的美国，更应该抛弃经济精致利己主义，采取负责任的经济政策，把控好政策的外溢效应，通过加强政策信息透明和共享，协调好财政和货币政策的目标、力度、节奏，与各国共同推动世界经济复苏。

第三节 中国经济韧性

2022 年 5 月 31 日，国家统计局发布数据，5 月中国制造业采购经理指数（PMI）为 49.6%，较上月上升 2.2 个百分点，制造业总体景气水平有所改善，经济运行趋于恢复。受新冠肺炎疫情影响，4 月中国 PMI 指数出现下降。进入 5 月，全国开始复工复产以及相关部门支持政策出台，经济供需两端正在恢复。

PMI 是一套综合性的经济监测指标体系，不仅反映了商业活动的现实情况，还反映了对经济发展的未来预期。当前，全球经济面临"滞胀"和"衰退"风险，地缘政治冲突加剧通胀压力，疫情反复又带来不确定性。在此背景下，中国围绕经济稳增长出台了各项政策，层层发力。5 月 23 日，国务院常务会议部署了 6 方面 33 项稳经济一揽子举措。央行下调首套住房利率下限和 5 年期 LPR，并加大信贷投放力度，提升金融服务小微企业能力；工信部着力稳产业链、供应链，将开展新一轮新能源汽车下乡；财政部加码减税降费，并提前下达相关转移支付保基层运转。

总体来看，中国当前经济运行已经在逐步恢复正常化。从新冠肺炎疫情防控情况看，全国新增感染人数稳步下降，采取封控措施的地区减少。从复工复产情况看，全国恢复节奏加快。上海出台加快经济恢复和重振行动方案，涵盖企业复工、为企业纾困让利、促消费恢复、强化投资要素支持等内容,并从6月1日起取消企业复工复产审批制度。全国物流恢复强度改善,公路物流运价指数明显回升。

同时,受国际国内多重因素影响,未来稳经济的挑战仍不可小觑。在疫情防控上,仍需紧密跟踪各地疫情演变,疫情防控向科学化、常态化改进,并关注其对经济的潜在扰动。在人流物流保障上,出台专业化、系统性的相关防控政策,保证全国人流物流畅通。人流物流是市场流动性的根本,是关系到终端消费需求、前端供应链以及整体产业链的基础,尤其在当前产业集群、产业链融合趋于全球化的背景下,保证人流物流畅通不仅和提升消费紧密相关,还关系到服务业、制造业和外贸出口的恢复。此外,在资金流上需加大支持力度,当前针对中小微企业的贷款、税费,相关部门已出台补贴政策,但如何形成有实际针对意义的工具,还应进一步听取一线的声音、了解其困难和需求,给中小微企业切实的帮助。最后,在消费端的恢复上,除了有针对性地发放消费券和补贴,也应给予市场更大、更宽松的发展空间。

中国经济具有强大韧性,这是由亿万个微小的市场个体韧性组成的。接下来,在政策制定方面要更加科学化、专业化、精细化,统筹好防控疫情和稳增长、保民生的大局,尽快释放中国经济增长潜力,不断增强中国经济回升向好势头。

第三章 | "一带一路"合作与斗争

习近平总书记在出席第三次"一带一路"建设座谈会时强调,共建"一带一路"国际环境日趋复杂。我们要保持战略定力,抓住战略机遇,统筹发展和安全、统筹国内和国际、统筹合作和斗争、统筹存量和增量、统筹整体和重点,积极应对挑战,趋利避害,奋勇前进。

从统筹合作和斗争角度看,近年来西方国家社会内部保守主义、民粹主义抬头,全球化遭遇逆流。以美国为首的西方国家拉小圈子,搞小集团,将世界划分为"两大阵营",企图打压遏制"一带一路"建设,斗争的因素在上升。这就要求推进共建"一带一路"坚持辩证法，正确运用合作和斗争的"两手"，用合作扩大朋友圈，同时对美西方持冷战思维打压遏制"一带一路"建设的行为要敢于斗争善于斗争，在斗争中求合作。从重点区域看，为更加有效助力构建新发展格局，"一带一路"建设要更加聚焦中国同周边地区基础设施互联互通，使中国与周边率先形成通畅的双循环发展格局，其中2022年1月1日生效的RCEP是构建新发展格局的重要一环。

第一节　RCEP 为亚太经济注入新动力

当前，百年未有之大变局与百年未遇疫情交织叠加，全球产业链供应链发生了深刻调整，区域经济一体化趋势正加速推进。2021 年 11 月 2 日，《区域全面经济伙伴关系协定》（RCEP）保管机构东盟秘书处发布通知，宣布文莱、柬埔寨、老挝、新加坡、泰国、越南 6 个东盟成员国和中国、日本、新西兰、澳大利亚 4 个非东盟成员国已向东盟秘书长正式提交核准书，达到协定生效门槛。RCEP 于 2022 年 1 月 1 日正式启航，标志着全球最大的自贸区将进入实质运行阶段，与此同时，共建"一带一路"在亚太区域经济一体化中显现出强大的韧性和活力，两者共同为亚太区域经济一体化注入新动力，也为经济复苏注入新活力。

一、疫情加速亚太区域经济一体化趋势

近年来,逆全球化和贸易保护主义暗流涌动,全球化遭受着前所未有的挑战。新冠肺炎疫情导致全球经济活动放缓,主要经济体的国际贸易和投资等活动减速,全球产业链供应链遭遇断裂的风险。这让很多国家开始重新审视产业链和供应链安全问题,加速产业链和供应链本土化、区域化。

安全是各国政府与跨国企业布局资本的优先考虑因素。新冠肺炎疫情暴发以来,各方对产业链和供应链安全的重视提升到了前所未有的高度,多国政府对产业链和供应链的管控明显趋紧。例如,拜登执政后不久就签署行政令,要求美国联邦政府部门和机构对关键产品和行业的供应链风险进行全面评估,解决供应链脆弱性问题;欧盟强化产业链供应链法律保障,拟推出欧盟供应链法,进一步强化欧盟层面统一的投资安全审查。

全球产业链"区域化"格局日益清晰,客观助力了区域经济一体化推进。疫情下产业链、供应链变得更短、更有弹性,区域化生产将导致无数区域性供应链中心的形成。很多国家主动找寻区域内经济引擎,寻求谈判订立区域经贸合作协议,美、亚、欧"三足鼎立"格局初现。其中,亚太区域经济一体化活跃

程度相对较高。

亚太区域经济一体化呼唤新的区域自贸区机制出台。2020年11月15日，由东盟发起的《区域全面经济伙伴关系协定》(RCEP)在历时八年艰苦谈判后终于达成，宣告了全球最大自贸区正式诞生。

二、亚太区域经济一体化与共建"一带一路"相互促进

RCEP生效落地，为"一带一路"沿线产业链融合提供了新的机遇，促进了中国与沿线国家的产业深度合作，利益交汇点不断增多。

亚太区域经济一体化势头加快，有助于填补"一带一路"建设过程中部分贸易规则与合作机制的空白。近年来，随着全球经贸规则步入调整期，传统规则安排已逐渐不适应各方不断更新的贸易、投资、关税与非关税壁垒政策，致使原有多边贸易机制面临"信任危机"。RCEP的签订加速了亚太区域经济一体化，成员国在参与共建"一带一路"过程中的诉求，可在一定程度上被有针对性地满足。这回应了外界对"一带一路"框架内贸易规则约束力不足的质疑，从长远看有利于"一带一路"建设的推进。

亚太区域经济一体化有助于部分"一带一路"沿线国家承接

产业链，丰富了"一带一路"互利共赢的内涵。亚太区域经济一体化有助于区域内国家降低进出口关税和投资壁垒，包括中国在内的"一带一路"沿线发展中国家在承接区域内发达国家外移的中端制造业后，有望加快推进本土高新技术研发，推进绿色经济和数字经济的全面落地。

亚太区域经济一体化可在一定程度上与"一带一路"建设形成合力，为我国高新技术提供更广阔的应用平台。从供给层面看，产业链的转移符合经济规律，近年来成衣等中低端产业逐渐从中国转移到东南亚等地，而我国正成为人工智能、新能源汽车等中高端产业的承接地。从服务贸易往来层面看，我国数字经济应用、5G 基础设施建设、人工智能应用等高新技术优势可更加顺畅地在"一带一路"沿线国家落地，客观上将我国推向了亚太区域内产业链上游。同时，我国广阔的消费市场亦可在需求端为亚太区域内"一带一路"国家产业链提供生产动力。

三、RCEP 生效是亚太区域经济一体化的重大进展

RCEP 的成员涵盖了 22 亿人口，无论从经济总量还是贸易额来看，都几乎占全球的 1/3。RCEP 生效，标志着亚太这一人口数量最多、成员结构最多元、发展潜力最大地区的一体化建

设取得重大进展。

RCEP 生效是实现亚太自贸区（FTAPP）的重要一步。RCEP 不仅包含了已经生效的中国—东盟自贸区，而且将进一步推动形成包含中日韩三国在内的东亚自贸区。中日、日韩之间首次建立了自贸关系，三国在部分领域互免关税，将为之后中日韩自贸区的谈判和实现打下基础。这也标志着覆盖亚太所有成员的 FTAPP 向前迈出了坚实的一步。

RCEP 生效是亚太区域高水平开放的重要一步。RCEP 生效后，在货物贸易方面，将显著降低成员国之间的贸易成本，其中 90％以上货物贸易将实行零关税或在 10 年内降到零关税。在服务贸易方面，RCEP 根据不同国家国情，给予最不发达国家特殊与差别待遇。日本、韩国、澳大利亚、新加坡、文莱、马来西亚、印度尼西亚 7 个成员采用负面清单方式；中国等其余 8 个成员采用正面清单方式，并将于协定生效后 6 年内转化为负面清单方式。在投资方面，15 国均采用负面清单方式对制造业、农业、林业、渔业、采矿业五个非服务业领域投资作出较高水平的开放承诺。在知识产权、电子商务、中小企业、经济技术合作方面，形成了较高水平的规则。

RCEP 生效是亚太区域产业链重塑的重要一步。受新冠肺炎疫情冲击，国际市场、全球产业链供应链都发生了结构性改变。RCEP 成员之间经济高度互补，区域内资本要素、技术要素、劳动力要素齐全。RCEP 生效将推动区域内经济要素自由流动，强化成员间生产分工合作，拉动区域内消费市场扩容升级，实现区域内产业链、供应链和价值链的进一步发展。

四、RCEP 生效将加速建立互利共赢的产业链

对中国而言，RCEP 将有力推动构建以国内大循环为主体、国内国际双循环相互促进的新发展格局。一方面，中国作为世界市场加大对全球的开放，特别是继续与亚太区域国家分享中国市场机遇；另一方面，中国作为世界工厂继续为亚太区域国家提供"中国制造""中国创造"。2020 年，中国和东盟的贸易强劲逆势增长，东盟历史性地成为中国第一大贸易伙伴，形成了中国与东盟互为第一大贸易伙伴的良好格局，为推动亚太地区产业链升级奠定了坚实的基础。

对亚太地区国家而言，RCEP 生效将有力推动构建相对独立但齐全的国际分工体系。特别是在制造业各个领域，将形成覆盖高、中、低端完整的产业结构，既满足了各国的内循环，也实现了在成员国之间形成循环的"小全球化"。彼得森国际经济研究所的一项研究表明，RCEP 将扩大东盟和其他成员之间的贸易，直接促进经济增长。据该所测算，到 2030 年，RCEP

有望带动成员国出口净增加 5190 亿美元，国民收入净增加
1860 亿美元。

五、当前中国参与构建互利共赢产业链合作
体系的方向

我国参与构建互利共赢的产业链合作体系，关键是顺应区
域经济一体化趋势，积极推动亚太区域经济一体化治理体系改
革，"保链、补链、强链"，坚持互利共赢导向，强化合作。

坚持亚太区域产业链开放大方向。我国要积极参与全球与
地区经贸治理规则变革，与其他国家携手应对疫情引发的全球
经济衰退，推动投资与贸易的便利化自由化，构建开放型世界
经济。在与 RCEP 成员国协调规则变革时，充分发挥我国超大
规模市场优势，推动区域经济一体化朝着更加开放、包容、普
惠、平衡、共赢方向发展。积极维护 RCEP 成员国，特别是新
兴市场和发展中国家的正当权益，为区域内产业链、供应链可
持续发展创造良好发展环境。

秉持亚太区域产业链"互利共赢"导向。RCEP 成员国当务
之急是打造"健康丝绸之路"产业链，弥合"免疫鸿沟"，在提供
疫苗"输血"当地健康产业供应链的同时，要进一步加大疫苗生

产的合作力度,提升"一带一路"沿线国家健康产业造血功能。坚决反对以意识形态划线的产业链联盟导向,与西方国家在竞争的同时加强合作,在绿色经济、数字经济等方面寻求产业链融合发展路径。

补足亚太区域产业链短板。一方面,结合各国抗疫实际情况,积极助推亚太区域经济复苏,推动绿色转型,共同构建地球生命共同体,努力实现高标准、可持续、惠民生目标;另一方面,针对疫情暴发期间亚太区域重点产业链、价值链暴露出的薄弱环节,要重视产业链安全,应尽快"保链、补链、强链"。加强我国与亚太区域其他国家在科技、生物、医药领域的合作,同时积极借助大数据、人工智能、区块链等新技术,实现合作产业高端化、智能化,增强相关链条"免疫力"。

深化亚太区域数字产业链合作。疫情催生亚太区域产业链和供应链新的合作机遇,在电子商务、移动支付、远程医疗等数字基建领域合作前景广阔。我国要与亚太区域其他国家合作制定新基建领域的国际标准,改变粗放式发展模式,实现亚太地区可持续发展。在"数字丝绸之路"建设框架下,协助亚太区域其他发展中国家发展数字经济,推动有关产业数字化。

第二节　金砖合作是动荡世界的稳定器

2022年6月23日,习近平主席在北京主持主题为"构建高质量伙伴关系，共创全球发展新时代"的金砖国家领导人第十四次会晤。16 年前，金砖国家诞生于新兴市场国家和发展中国家群体性崛起的历史大潮之中，代表了世界格局和国际秩序演变调整的前进方向。16 年后，百年变局和世纪疫情交织，世界经济复苏脆弱乏力，发展鸿沟加剧，贫困问题、能源危机、粮食危机等全球性挑战增多，国际形势中不稳定、不确定、不安全因素日益突出。在此背景下，金砖合作正发挥着世界政治稳定器和经济发展助推器的作用。展望未来，金砖合作正走上高质量发展路径，为应对全球性挑战、破解全球性问题贡献金砖智慧和金砖方案。

一、回顾 16 年：从全球治理的跟跑者到引领者

16 年来，金砖合作机制已经从单一的经济合作转向全方位全领域参与全球治理，形成了经济合作、政治安全和人文交流"三轮驱动"合作模式，成为为新兴市场国家争取话语权的合作平台。

经济合作一直是金砖合作的基础。金砖国家概念由经济投资而起，因经济合作而生，以经济治理为要。从 GDP 数据看，2001 年金砖概念问世之时，金砖国家 GDP 总和为 2.7 万亿美

元，仅占全球 8％，而 2021 年分别增长到 24.5 万亿美元和 23％。从经贸合作看，金砖国家市场机遇和发展潜力巨大，货物贸易规模占全球 18％，吸引外资额占全球 25％。海关数据显示，2021 年中国与金砖国家双边贸易总值为 4904.2 亿美元，同比增长 39.2％，高于同期中国外贸整体增速。从金融合作看，2010 年金砖国家银行合作机制成立，为服务金砖国家经贸投资便利化和经济社会可持续发展作出了重要贡献。金砖国家不断争取国际金融治理发言权，大大提升了新兴市场国家和发展中国家的代表性和发言权。金砖国家新开发银行形成了创新性的制度机制和业务模式。

政治安全是金砖合作的关键。自成立以来，金砖国家在政治和安全领域不断强化合作，依托安全事务高级代表会议、外长会晤等机制，就重大国际和地区问题加强沟通协调，为世界和平稳定发挥着独特和积极的作用。建立了反恐和情报等合作机制，推动政治与安全合作的实心化，发出更多金砖声音。

人文交流是金砖合作的增长点。16 年来，金砖国家达成一系列人文交流合作文件，议会、政党、青年、智库、地方合作持续推进，金砖合作的民意基础日益巩固。在 2017 年金砖"中国年"中，中国作为东道国，精心打造人文合作成果，使人文交流成为金砖合作的第三支柱，推动金砖机制由之前的"双轨并进"进入"三轮驱动"新阶段。人文交流与合作是金砖合作的巨大增长点。

二、正视当下：金砖合作正展现舍我其谁的担当

当前，全球体系结构和世界发展结构正发生巨变。以金砖国家为代表的新兴市场国家和发达国家的力量对比发生显著变化，世界经济格局正在深刻调整，"东升西降""南升北降"趋势明显，但西方国家主导的世界秩序并未发生根本变化。在世界各国正努力走出新冠肺炎疫情等非传统安全全球危机的同时，地缘政治冲突引发传统安全风险上升，全球政治力量的分与合加速，全球政治格局正发生深刻调整。美西方国家升级制裁，加剧世界范围内的意识形态与价值观对立，集团政治和阵营对抗再现。以联合国为核心的国际体系和以国际法为基础的国际秩序正面临前所未有的挑战，全球治理再次站在了历史的十字路口。

处于动荡变革期的世界呼唤金砖担当。一是急需金砖合作引领多边主义。以联合国机制为基础的多边主义正面临重大挑战，个别国家试图构建"小院高墙"、打造"平行体系"，重塑自身霸权优势。个别主要经济体货币政策"急刹车""急转弯"，产生严重的负面外溢效应，给世界经济和金融稳定带来挑战，广大发展中国家首当其冲。世界和平赤字、发展赤字、治理赤字、信任赤字日益加剧，全球急需金砖国家继续发出坚持多边主义

的强有力的金砖声音。二是急需金砖精神引领经济全球化。当前，经济全球化遭受暂时挫折，贸易自由化遭受保护主义冲击。开放包容、合作共赢的金砖精神有助于冲破霸权阴霾，增进国家间理解互信，助力各国携手共克难关，缓解四大赤字，让合作的蛋糕越做越大，让进步的力量越聚越强，为共建人类命运共同体贡献积极力量。三是急需金砖安全观对冲霸权主义。全球安全倡议为破解全球安全困境提供了中国方案。金砖国家在安全观上照顾彼此核心利益和重大关切，反对单边制裁，相互尊重主权、安全、发展利益，有利于对冲霸权主义和强权政治，抵制冷战思维和集团对抗，共建人类安全共同体。四是急需金砖国家携手在逆境中前行。当前，世界经济复苏脆弱乏力，全球产业链供应链紊乱，大宗商品价格持续上涨，能源供应紧张等风险交织，加剧了世界经济复苏进程的不确定性。全球低通胀环境发生明显变化，复合型通胀风险正在显现。国际形势中不稳定、不确定、不安全因素日益突出，在逆境中更需要金砖国家共同应对全球性挑战。

三、展望未来：以构建高质量伙伴关系共创全球发展新时代

以全球发展倡议为引领，铺设加速全球发展的"金砖快线"。

金砖合作承载着新兴市场国家和发展中国家乃至整个国际社会的期望，要同更多新兴市场国家和发展中国家一起，以全球发展倡议为引领，共同落实联合国2030年可持续发展议程，推动全球共同发展，打造开放多元的发展伙伴网络，以实际行动推动国际社会聚焦全球发展事业，以全面深化经贸、财金、创新、数字经济、绿色发展、减贫脱贫等合作为抓手，采取切实有效措施，铺设加速发展的"金砖快线"。

以全球安全倡议为遵循，筑牢维护世界和平的"金砖防线"。维护全球安全就是为全球发展创造条件，金砖国家应继续践行真正的多边主义，遵守联合国宪章宗旨和原则，坚持共同、综合、合作、可持续的安全观，统筹自身安全和共同安全、非传统安全和传统安全、安全和发展的关系，努力实现共同安全、综合安全、合作安全、可持续安全。

以高质量发展为方向，擦亮可持续发展的"金砖成色"。要将高质量发展作为金砖发展的底色，全面推进联合国2030年可持续发展议程，抓住新一轮科技革命和产业变革机遇，积极落实金砖国家新工业革命伙伴关系，在公共卫生、科技攻关、数字经济、低碳绿色经济等领域推动高质量发展，擦亮可持续发展的"金砖成色"。

以深化"金砖＋"合作为契机，在全球治理中扩大"金砖影响"。金砖扩员将进一步凝聚新兴市场国家和发展中国家的力量。可循序渐进推动深化"金砖＋"合作，同区域性合作机制的更多新兴市场国家和发展中国家开展对话交流，与国际货币基金组织、世界银行等国际机构建立合作机制，在全球治理中发挥更大的"金砖影响"。

第三节　"印太经济框架"的实质依旧是美国优先

当前世界正处于动荡变革期，世纪疫情仍在延续，俄乌冲突正深刻冲击地缘政治格局，但美国总统拜登 2022 年 5 月在华盛顿举办东盟国家特别峰会后，连续出访日韩，正式宣布启动"印太经济框架"，美国、韩国、日本、印度、澳大利亚、新西兰、印度尼西亚、泰国、马来西亚、菲律宾、新加坡、越南、文莱 13 个国家成为初始成员，随后斐济加入。按照美国的设想，"印太经济框架"将包括四个支柱：一是在数字贸易、劳工和环境等领域制定所谓公平、高标准和有约束力的规则；二是提高芯片、大容量电池、医疗产品、关键矿物等重要产业供应链的韧性和安全性；三是推动高标准基础设施建设、脱碳和绿色技术发展；四是税收和反腐败。看似完美的"四大支柱"支撑的"印太经济框架"背后实质上依旧是美国优先。

首先，在俄乌冲突导致全球动荡的大背景下，"印太经济框架"显示遏制中国仍是美国的优先战略。拜登自上台执政后，处理中美关系的主基调就是"竞争"，并一直以"进攻姿态"针对中国或其他对美国利益构成"威胁"的国家。布林肯在最近的对华政策演讲中，将中国定位为"有重塑国际秩序意图且有经济、外交、军事、技术力量付诸实践的国家"，并表示美国将会投资自己、团结盟友、与中国竞争。美方评估认为，即使俄乌冲突冲击美国主导的北约和欧洲盟友，但中国是现阶段和未来最主要的竞争对手，布林肯的"投资、结盟、竞争"表述中竞争是最终目的，而"印太经济框架"则可以填补拜登政府印太战略缺乏的对地区国家经济吸引力短板。虽然拜登政府的"印太经济框架"口口声声表示，该经济框架并非要对抗谁而是和区域盟邦深化合作，要建设自由和开放的印太经济，因为这关乎各国共享的价值观与理念。"印太经济框架"依旧延续了特朗普政府时期的"美国优先"，时刻都将中国作为区域内的主要竞争对手，充斥着排他性。"印太经济框架"十分鲜明地强调了"第三国关切"的问题，合作对象的选取以及实施规则的选定都要以美国利益评估为优先，因而在本质上是拜登政府"印太战略"在经济领域的展现，并将服务于美国对华竞争的战略大框架，在很大程度上继承了特朗普政府的遗产，实质上仍是"美国优先"。

其次，在全球产业链供应链面临巨大挑战的背景下，"印太经济框架"目的是确保美国核心竞争力。拜登政府认为，《区域全面经济伙伴关系协定》（RCEP）2021 年 1 月运行以后，亚洲就会有两个特大的贸易协定，即 RCEP 和《全面与进步跨太平洋伙伴关系协定》（CPTPP），中国不仅是 RCEP 成员国，而且也已申请加入 CPTPP，但美国两个都没有参加。因此，印太区域将是美国对抗中国日益增强影响力的核心地区。"印太经济框架"对他国设置了诸多束缚，迫使相关国家同美经济政策"硬接轨"，符合数字经济、劳工等领域设定的高门槛，这明显超出部分国家国内法律和国际公约标准，也超出了相关国家的承受能力。在"印太经济框架"下，美国并不会向其他成员国开放市场，特别是向东盟成员国开放美国市场。美国贸易代表办公室副代表莎拉·比安基明确表示，该框架"不包括谈判市场相互开放的议程"。美国不会让中国加入"印太经济框架"，企图利用该框架将中国产业链逐步吸收并转移至日韩或是其他东南亚国家。拜登政府的"印太经济框架"意图以双边"一国一策"的方式来破解美国面临的多边主义困局，重构美国在新经济领域供应链顶端的领先地位。在这个框架的主导下，整个印太地区经济将在美国的经济辐射之下，并继续成为美国主导的供应链结构的附庸，确保美国经济重新领导世界，为美国企业创造商机，为美国民众提供更多的就业岗位，并在国际上展现美国的竞争力。

再次，失衡的"四大支柱"撑不起亚太地区经济合作的大台。"印太经济框架"在数字贸易、劳工和环境等领域制定所谓公平、高标准和有约束力的规则，无助于降低关税、扩大市场，暂时仅有韩、日、澳、新等 7 国可能加入，越南、印尼和印度均已表达顾虑；提高芯片、大容量电池、医疗产品、关键矿物等重要产业供应链的韧性和安全性，实质目的是保障美国国内产业链供应链的安全，建立摆脱中国的产业链供应链体系，但对于与中国经济深度融合的中国第一大贸易伙伴东盟根本无法实现脱钩，对于美国拉拢日韩建立所谓摆脱中国的"芯片联盟"，搞所谓的"供应链友岸外包到为数庞大的互信国"，国际货币基金组织（IMF）首席经济学家明确指出，"一个景象是，我们出现分裂的集团，彼此有着不同的标准、没什么贸易往来；这将是全球经济的灾难"。至于推动高标准基础设施建设、脱碳和绿色技术发展以及税收和反腐败，都是美国一贯标榜的"可持续""绿色""反腐"，实质上都是为了让美国实现领导亚太地区经济的目的。实质上，"印太经济框架"还未真正推行，四大支柱空心化趋势证明难以支撑亚太地区经济合作的大台。

最后，"印太经济框架"逼迫"选边站队"的最终结果必定是让地区国家选择"全球化"。实际上，东盟成员国对"印太经济框架"搞排华"小圈子"、逼迫"选边站队"普遍表示不接受。马来西亚前总理马哈蒂尔特意强调称，中国是全球第二大经济体，把中国隔离出去，并不利于印太地区"进行多边贸易合作"。新加坡总理李显龙也明确反对美国打造"印太经济框架"孤立中国。

也许，数据最能说明问题，在 RCEP 落地实施前 4 个月，我国第一大贸易合作伙伴是东盟，双边贸易额为 1.84 万亿元，增长 7.2%，占我国外贸总值的 14.6%。其中，对东盟出口达到 1.03 万亿元，增长 8.7%；从东盟进口 8089.9 亿元，增长 5.3%；对东盟实现贸易顺差 2234.2 亿元，增加 23.2%。RCEP 已经给东盟国家带来了实实在在的收获。但拜登政府以签署行政命令通过的"印太经济框架"对于东盟国家而言更多是空头支票，一旦拜登任期结束，该框架就面临"改旗易帜"的风险。对于亚太地区国家而言，参加美国主导的"印太经济框架"，或许可以带来更多的利益，但是没有理由为了新合作就放弃老朋友，毕竟全球化是不可阻挡的历史潮流。

当前，世界再次走到十字路口，在这重要关头，更需要全球携手共同应对全球性挑战。在亚太地区，开放是亚太合作的生命线，只有坚定不移维护真正的多边主义，维护以世界贸易组织为核心的多边贸易体制，加强区域国家的战略对接，不搞排他的小圈子，更不搞所谓的替代方案，才能顺应全球化潮流，共同面对并战胜全球性挑战。

第四节　欧盟"全球门户"计划能否取代"一带一路"

2021 年 12 月 1 日，欧盟委员会主席冯德莱恩向全世界正式宣布"全球门户"（Global Gateway）的基建计划。这项雄心勃勃的基建计划拟在 2027 年前在全球范围内投资 3000 亿欧元用于基础设施、数字和气候项目。冯德莱恩在新闻发布会上宣称，这是"一个真正的替代方案"，虽没有明指替代哪个方案，但直指"一带一路"的含义已经十分明显。

一、"全球门户"计划是什么

据外媒透露，"全球门户"基建计划草案约有 14 页文件，欧盟目的在于通过经济手段获得地缘政治领域的话语权。实际上，该计划在 2021 年 9 月就获得广泛关注，冯德莱恩当时发表欧盟年度国情咨文时特别将此计划列为未来重要政策，称欧盟希望投资高质量的基础设施，将世界各地的商品、人员和服务连接起来。

"全球门户"计划的关键原则是"民主和高标准""善治和透明度"。冯德莱恩称，欧盟有信心会拉近投资金额上的差距，说"全球门户"倡议是"一个真正的替代选择"。该文件部分内容显示，欧盟计划募集 3000 亿欧元在全球进行基建投资，重点关注数字化、健康、能源、气候等领域。欧盟计划 3000 亿欧元的投资将在 2027 年前实现，来源包括欧盟成员国、欧洲金融机构和国家开发银行。其他欧盟项目将提供最高 180 亿欧元的资助。

根据草案，3000 亿欧元的目标投资中有一半将来自欧洲金融机构和发展金融机构。欧盟方面还将动用欧洲可持续发展基金，该基金将提供 400 亿欧元的担保能力，提供高达 180 亿欧元的外部援助计划赠款。同时，欧委会将进一步完善金融工具包，探索建立欧洲出口信贷工具的选项，以补充成员国现有的信贷安排。

冯德莱恩强调，欧盟可以与中国竞争，认为各国也需要有更好以及不同的计划，而且欧盟会带领欧洲的民营企业一起投资，中国则不存在这样的民间企业，所以欧盟的"全球门户"计划是真正的选择。原德国驻华大使、现任德国驻欧盟代表的柯慕贤（Michael Clauss）是该计划的重要幕后推手，柯表示，对许多伙伴国家来说，"全球门户"计划是"一带一路"之外最具吸引力的选择，有机会让欧洲在地缘政治中扮演重要角色。德国马歇尔基金会跨大西洋高级研究员安德鲁·斯莫尔（Andrew Small）甚至表示，"如果没有'一带一路'，'全球门户'计划就不会存在"。

二、"全球门户"计划所谓"优势"是什么

强调"民主价值观"为导向。正如美国牵头 G7 国家通过的"重建更好世界"战略（简称 B3W）标榜所谓的"民主国家引导以

价值观驱动、高标准、透明的基建合作"，"全球门户"计划也强调了以民主国家的价值观为驱动。草案称，该计划将展现"民主价值观将如何为合作伙伴提供确定性、公平和可持续性"。

强调"私营企业"为主力。欧盟委员会表示，到 2027 年，欧盟将寻求动员 3000 亿欧元的公共和私人基础设施投资，出资方将来自欧盟、各成员国、国家开发银行和欧洲各金融机构。3000 亿欧元的投资将大多来源于私有领域投资。为了鼓励私有领域投资，欧盟新设立的"欧洲持续性发展＋"基金将提供担保，以筹集 1350 亿欧元的投资。欧洲投资银行也将参与该项目。据此前报道的草案内容，欧盟将通过"欧洲持续性发展＋"提供 400 亿欧元的担保。

强调"高标准"为核心。欧委会表示，"全球门户"通过提供有吸引力的投资和商业友好的贸易条件、监管融合、标准化、供应链整合和金融服务，"全球门户"计划投资的项目将在很大程度上确保交付。

强调"新基建""气候变化"为重点领域。欧盟"全球门户"计划将重点关注有形基础设施，如光纤电缆、清洁运输走廊和清洁电力传输线路，以加强数字、运输和能源网络，优先投资可持续发展领域包括数字化、健康、气候、能源、交通、教育和研究。

三、美欧加快联手打造"一带一路""替代方案"

自从 2021 年 7 月美国牵头 G7 国家推出 B3W 之后,拜登政府开始不遗余力地在全球推销 B3W。10 月,美国代表团出访南美厄瓜多尔、巴拿马和哥伦比亚三国,积极推销 B3W。11 月,美国副国家安全顾问辛格(Daleep Singh)率团在非洲塞内加尔和加纳展开了一次"倾听"之旅,与两国讨论的项目包括在塞内加尔建立一座疫苗制造中心、加强可再生能源供应、贷款鼓励女性拥有企业,以及缩小数码鸿沟等。

2021 年 11 月初,拜登借出席第 26 届联合国气候变化大会(COP26)的机会,向与会发展中国家积极推销 B3W,称这项计划为世界各国提供了一个有别于"中国方案"的选项,并加速与欧盟、英国联手步伐。拜登在 COP26 期间,与欧盟委员会主席冯德莱恩、英国首相约翰逊和其他七国集团(G7)领导人举行会议,联手推进 B3W。英国首相约翰逊提出了 30 亿英镑(约合40.5 亿美元)的"清洁绿色倡议",计划帮助发展中国家推行绿色技术,以更环保的方式进行基础设施建设。

冯德莱恩回应表示,欧盟的"全球门户"计划与 B3W 以及"清洁绿色倡议"不仅是互补的,而且是相辅相成的,且其规模将扩展到全球，是"21世纪各国合作的积极愿景"。欧盟"全球门户"计划准备投资的项目覆盖欧洲、非洲、亚洲、拉美和北极圈。

四、"全球门户"计划取代"一带一路"并不现实

近年来，英国脱欧让欧洲一体化的进程遭受严重挫折。欧洲的火车头法德一体化领导力不再，法国总统马克龙强调欧洲战略自主，但其雄心勃勃的"欧洲梦"困难重重，德国在后默克尔时代能否引领欧洲一体化仍受到质疑。欧洲正深陷新冠肺炎疫情冲击，经济复苏不稳定不确定性增强，民粹主义抬头、恐怖主义威胁加剧欧洲一体化困境。

虽然"全球门户"计划宣称"为欧盟在全球范围内已经广泛的基础设施投资提供一个伞形品牌"，以便成员国之间更好地协调，扩大与国际和地区伙伴的合作，并进一步提供资金。但是，欧盟正处于十字路口，保护主义在内部慢慢滋生，欧盟内部出现了"国家主义代替一体化"的苗头，欧盟对各成员国的影响力成为"全球门户"计划能否顺利实施的重要因素。

欧盟"民主价值观"遭遇"水土不服"。"全球门户"计划强调"民主和高标准"，投资项目附加了一系列价值观方面的条件，对环境、劳工、财务透明度等方面提出更高标准和要求，以符

合欧美的价值观和标准。但是，这种设定需要加大对项目的审查、增加前期成本、让工期更长，削弱了项目的竞争力。

欧盟自身资金有限。"全球门户"计划中提到欧盟将动用欧洲可持续发展基金，提供 400 亿欧元的担保，欧盟预算还会提供数十亿欧元补贴，但计划中并未涉及如何通过私有资本补充公共资金不足的确切信息。欧洲学者认为，"全球门户"计划承诺的 3000 亿欧元融资规模过小，与"一带一路"倡议相比就是天壤之别。此外，欧盟有着过度的市场规范，在审批资金发放时提出过多要求。欧盟程序制度烦琐，且资金大部分来自现有的计划项目，总体向市场提供的资金极为有限。

欧盟内部协调力有限。欧洲学者指出，中国有高度统一的指挥和控制系统来协调"一带一路"倡议，欧盟却是 26 个不同国家组成的官僚集团，欧盟超然于各国之上，没有权力强迫各国采取行动。鼓励私营企业参与能力有限。"全球门户"计划强调"私营企业"参与为主力，但对投资的重点区域，需要说服私人企业在如非洲、拉美等存在风险的地区进行基建投资。部分发展中国家的政治不稳定、系统不完善，削弱了私人企业进行大规模基建投资的意愿。

欧盟内部政治压力巨大。欧洲发达国家大多面临本国基建老旧问题。尽管德国以工程实力闻名、法国基础设施建设较强，但欧盟内部经济发展差异性大，欧盟自身面临经济滞胀，无法满足内部的基础设施需求，更难对其他国家发展基础设施需求施以援手。欧盟内部分歧无法弥合，老欧洲和新欧洲内部矛盾加剧，形成"一致声音"难度加大。

当前，世界百年未有之大变局和新冠肺炎疫情全球大流行交织影响，世界进入动荡变革期，在这重要关头，更需要全球携手共同应对全球性挑战。实际上，"一带一路"本质上是开放之路，加强与沿线国家的战略对接，不搞排他的小圈子，更不搞所谓的替代方案。过去8年来，共建"一带一路"坚持共商共建共享的原则，推动各方各施所长、各尽所能，通过双边合作、三方合作、多边合作等各种形式，把各方的优势和潜能充分发挥出来，才能取得"实打实""沉甸甸"的成就。因此，不论是"全球门户"计划，还是"一带一路"，只有坚持坚定不移的开放，坚持对话而不对抗、包容而不排他、融合而不脱钩，才能顺应全球化潮流，共同面对并战胜全球性挑战。

第四章 | "一带一路"与区域经济一体化

习近平总书记在以"世界大变局:共襄全球治理盛举,合奏'一带一路'强音"为主题的博鳌亚洲论坛 2021 年年会开幕式上指出,要推动贸易和投资自由化便利化,深化区域经济一体化,巩固供应链、产业链、数据链、人才链,构建开放型世界经济。要深化互联互通伙伴关系建设,推进基础设施联通,畅通经济运行的血脉和经络。该重要论述指明了"一带一路"建设和区域经济一体化的重要关系。

在共建"一带一路"过程中,构建"一带一路"产业链、RCEP、中国—中东欧合作、粤港澳大湾区建设是推动区域经济一体化的重要领域，也是促进国际国内双循环新发展格局的重要助力。

中国构建双循环新发展格局将赋能"一带一路"产业链。以国内大循环为主体、国内国际双循环相互促进，符合经济发展规律，也有利于"一带一路"产经项目提升韧性，促进我国各个地区经济协调发展，产业分布合理布局，为创建企业主导的全球价值链和提升外部价值链提供了空间基础；RCEP 作为全球最大的自贸协定，其生效落地对深化东亚区域经济一体化具有里程碑的意义；中国—中东欧国家合作是根据中国同中东欧国家的共同愿望打造的跨区域合作平台，以务实合作为基础，有力推动了中东欧区域经济一体化进程，同时以中欧班列为代表的互联互通项目贯通中欧，成为疫情中一条中欧"生命线"，促进国内国际双循环新发展格局；粤港澳大湾区是我国开放程度最高、经济活力最强的区域之一，是我国经济内循环与外循环衔接的重要桥梁纽带和我国构建新发展格局的先行区和示范区。在香港回归 25 周年之际，香港实现了由乱到治的重大转折，正开启由治及兴的新征程。香港融入粤港湾大湾区发展战略，将有助于香港发挥"一带一路"功能平台的作用。

第一节　构筑"一带一路"互利共赢产业链

近年来，随着美国政府在全球推行所谓"美国优先"和"产业回归"战略，全球化面临退步风险，各国内顾心态加紧。新冠肺炎疫情引发医疗物资短缺，让美西方国家重新审视产业链供应链安全问题，加速产业链供应链本土化、区域化。不少跨国企业从全球布局转向区域布局，产业链供应链因此变得更短、更有弹性，本土化趋势日益明显，区域化生产将导致无数区域性供应链中心的形成。其中，亚太地区的区域经济一体化动力与活跃程度最为凸显，备受关注。

一、区域经济一体化为"一带一路"建设注入新动力

受新冠肺炎疫情影响，全球经济复苏继续呈现不平衡不稳定态势，例如，苏伊士运河堵塞事件就凸显出疫情期间国际航运的脆弱性。但随着生产分工专业化、精细化，分工类别与环节呈几何式增长，以产业分工为核心的国际价值链呈现出延长态势。在上述背景下，包括《区域全面经济伙伴关系协定》等在内的区域经贸协定落地，为"一带一路"沿线产业链融合提供了新的机遇，促进了中国与沿线国家的深度交融，利益交汇点不断增多。

区域经济一体化势头加快，有助于填补"一带一路"建设过

程中部分贸易规则与合作机制的空白。近年来，随着全球经贸规则步入调整与洗牌期，原有传统规则安排已逐渐不适应各方不断更新的贸易、投资、关税与非关税壁垒政策，致使传统多边贸易机制面临"信任危机"。特别是以部分欧洲国家为代表的"一带一路"沿线国家主张期待的基础设施投资原则制定能够与具体项目同步推进。通过签订区域经贸协定，加速区域经济一体化，上述国家在参与"一带一路"过程中的诉求可在一定程度上被有针对性地满足，从长远看有利于"一带一路"倡议的推进。

当前国际区域经济一体化的发展势头有助于"一带一路"沿线国家承接扩散产业链，丰富了"一带一路"互利共赢内涵。在当前保护主义和单边主义在全球日渐盛行的趋势下，发展中国家接收承包发达国家产业、技术外溢的难度不断提升。从技术层面而言，区域经济一体化有助于区域内国家降低进出口关税，降低投资壁垒，包括中国在内的"一带一路"沿线发展中国家在承接区域内发达国家外移的中端制造研发业后，有望加快推进本土高技术研发，推行绿色经济和数字经济的全面应用与落地。

区域经济一体化可在一定程度上与"一带一路"项目形成合力，为我国新兴高新技术提供更广阔的应用平台。从供应层面看，产业链的转移是经济规律的内在需要，近年来部分劳动密集型和资本密集型产业离开中国，向南亚、东南亚转移，包括成衣等产业逐渐从中国转移到东南亚等地，而中国正成为包括人工智能、新能源汽车等产业的承接地；从服务贸易往来层面看，我国数字经济应用经验、5G 基础设施建设技术、人工智能应用基础等高新技术优势可更加顺畅地在"一带一路"沿线国家落地，同时我国国内广大的消费市场亦可在需求端为区域内"一带一路"沿线国家产业链提供生产动力。

二、区域经济一体化与"一带一路"融合育新机

"一带一路"在新冠肺炎疫情暴发、全球经济衰退等"连环大考"中展现出了强大韧性与活力，在生产要素流动受阻的情况下，在一定程度上为维护区域乃至国际产业供应链、价值链发挥了不可或缺的作用。疫情期间，包括瓜达尔港在内的 70 个走廊项目建设运营正常开展，成为统筹防疫与生产的标杆。2020 年，我国与沿线国家贸易进出口额 1.4 万亿美元，同比增长 0.7％；对沿线国家非金融类直接投资 177.9 亿美元，同比增长 18.3％。中国向"一带一路"相关国家出口援助了大量医疗物资。疫苗国际合作方面，在疫苗国际分配极不平衡的背景下，中国政府将疫苗作为全球公共产品向"一带一路"相关国家提供，一定程度上缓解了沿线国家疫苗短缺的问题，充分体现了大国

担当。数据显示，东盟、欧盟、南亚、拉美多国借助"一带一路"在疫情期间甚至加强了与中方的经济关联。欧盟统计局数据显示，中国在 2020 年首次超过美国，成为欧盟对外第一大货物贸易伙伴。东盟历史性地成为中国第一大贸易伙伴，形成了中国与东盟互为第一大贸易伙伴的良好格局，有力推动了亚洲区域经济一体化进程。

"一带一路"作为全球公共产品将在疫情后的全球经济发展中扮演更加重要的角色。在秉持多边主义理念的基础上，"一带一路"是史上首次由南南合作为主体所创立的最大合作范例。疫情暴发前后，部分发达国家挑起的产业链回流等类似产经政策进一步对各国发出警示，唯有人类命运共同体理念才能对疫情期间乱象百出的国际政治与经济秩序拨乱反正。

中国构建双循环新发展格局将赋能"一带一路"产业链。以国内大循环为主体、国内国际双循环相互促进，符合经济发展规律，也有利于"一带一路"产经项目提升韧性，促进我国各个地区经济协调发展，产业分布合理布局，为创建企业主导的全球价值链和提升外部价值链提供了空间基础。随着中国内部消费市场需求不断扩大，中国经济韧性将更上一层楼，为"一带一路"沿线国家提供更多发展机遇，也将在宏观层面稳定全球经济发展态势。

第二节 "中国—中东欧合作"为
中东欧国家经济复苏注入新动力

当前,百年未有之大变局和百年不遇疫情交织叠加,深刻改变着世界格局,人类社会共同面临巨大挑战。疫情虽然带来严峻挑战,但中国—中东欧国家合作仍处在良好的发展势头之中,必将为疫后中东欧国家经济复苏注入新动力。

一、从经贸合作到全方位合作

回顾中国与中东欧国家合作机制历史,作为两个重要的新兴市场,中国与中东欧国家从务实合作起步,历经 9 年的发展,搭建起全方位、多层次、宽领域的立体架构,在近 20 个领域建立合作机制,取得了丰硕成果。

2011 年 6 月,首届中国—中东欧国家经贸论坛在匈牙利布达佩斯成功召开,拉开了中国—中东欧国家机制化合作的序幕。2012 年 4 月,第二届中国—中东欧国家经贸论坛、首次中国与中东欧国家领导人会晤在波兰华沙举行,正式确定了中国与中东欧国家合作机制("16＋1 合作")。2019 年 4 月,第八次中国—中东欧国家领导人会晤期间,希腊作为正式成员国加入该合作机制,"中国—中东欧合作机制"首次将传统西欧国家纳入,推动了"中国—中东欧合作机制"与欧盟"欧亚互联互通战略"的有效对接,标志着中欧合作步入新纪元。

历经 9 年,"中国—中东欧合作机制"正进入成熟期和收获期,有力推动了中东欧国家经济发展和欧洲一体化。经贸合作层面,截至 2020 年 7 月的数据显示,中国与中东欧 17 国进出口贸易额较 2012 年增长超过 50%,中国对中东欧国家的投资由合作初期的 30 亿美元增长到了 126 亿美元。中东欧 17 国在华投资也取得了飞速发展,涵盖机械制造、汽车零部件、化工、金融、环保等多个领域。基础设施建设层面,匈塞铁路、比雷埃夫斯港等一大批合作项目为改善地区的互联互通水平、增加当地就业、促进东道国的经济社会发展作出了重要贡献。人文交流层面,中国与多个中东欧国家开通直航带动人员往来便利化,相继举办了 2016 年中国—中东欧人文交流年、2017 年中国—中东欧媒体交流年以及中国—中东欧国家文化合作论坛、中国—中东欧国家教育政策对话、中国—中东欧青年政治家论坛、中国—中东欧国家高级别智库研讨会等,这一系列重要的人文交流活动从多个角度和层次提升了"中国—中东欧合作机制"的热度和水平,增进了中国与中东欧国家之间的民心相通。

二、促进中欧关系均衡发展

近年，英国脱欧让欧洲一体化的进程遭受严重挫折。欧洲的火车头法德一体化领导力不再，法国总统马克龙强调欧洲战略自主，但其雄心勃勃的"欧洲梦"困难重重，德国政坛常青树默克尔政治生涯画上句号，接任者能否引领欧洲一体化仍受到质疑。欧洲难民危机、民粹主义抬头、恐怖主义威胁加剧欧洲一体化困境。2017 年，欧盟委员会在布鲁塞尔发表白皮书，针对欧盟未来走向提出五大战略选项，其中重提了"多速欧洲"的选项，即允许欧盟成员国在某一具体政策问题上，根据自身能力和意愿组成两个或多个小的集团，形成"双速"或"多速"发展态势。但"多速欧洲"导致以西欧为代表的"老欧洲"和中东欧为代表的"新欧洲"之间矛盾升级。法国、德国、西班牙和意大利等西欧国家为主的"老欧洲"想摆脱因欧洲理事会协商一致原则造成的欧盟内部政策行动迟缓、久拖不决的尴尬局面。中东欧国家则认为西欧大国继续寻求在欧盟之内塑造"核心"集团，只会让后来入盟的中东欧国家渐行渐远。

迷茫中的欧洲，保护主义在内部慢慢滋生，欧盟内部出现了"国家主义代替一体化"的苗头，一些人对中国—中东欧国家合作顾虑上升，"中国在分裂欧洲"的论调开始出现。中国在中东欧的投资合作开始冲击"老欧洲"惯有的"自信"，"老欧洲"担心"中国—中东欧合作机制"威胁"欧盟团结"。

实际上，"中国—中东欧合作机制"是基于中国与中东欧国家产业优势需求互补的实际。中东欧国家基础设施相对落后，如铁路、公路、电力等，改善愿望强烈，但"老欧洲"产能不足、价格高昂及融资成本过高让"新欧洲"愿望受阻，而应用技术、资金和工程管理正好是中国的三大优势。因此，优势互补驱动"中国—中东欧合作机制"不断发展，9年来给中东欧国家带来了实实在在的利益。由波兰、捷克、匈牙利和斯洛伐克组成的"维谢格拉德"集团(简称V4)四国的经济增长长期在欧盟内部排名领先，"中国—中东欧合作机制"框架下的一些合作项目为希腊、匈牙利、塞尔维亚等国家带来了众多就业机会，增加了当地人民的获得感。

早在2015年11月，习近平主席会见出席第四次中国—中东欧国家领导人会晤的中东欧国家领导人时，就曾为中国同中东欧国家合作指出方向："'中国—中东欧合作机制'是中欧全面战略伙伴关系的重要组成部分和有益补充，完全可以为构建中欧和平、增长、改革、文明四大伙伴关系作出应有贡献。"在此指引下，"中国—中东欧合作机制"务实合作的成果也逐渐消除了"老欧洲"对合作机制"分裂欧洲"的顾虑，有力推动了处于困境中的欧洲一体化，为促进中欧关系整体均衡发展发挥了积极作用。从中东欧国家到希腊加入扩容，到奥地利、瑞士、白俄罗斯、欧洲复兴开发银行等作为观察员国（机构）参与机制活动，"中国—中东欧合作机制"与欧盟的"欧亚互联互通战略"对接合作不断推进。"中国—中东欧＋欧盟"的三方市场合作模式取得了先期成果，佩列沙茨跨海大桥项目已经成为中国、克罗地亚、欧盟开展三方市场合作的典范项目。

实际上，与"中国—中东欧合作机制"的宗旨一样，不管是"多速欧洲"，还是法德"重塑欧洲一体化"改革计划，都是为了促进欧洲经济更加均衡、更加充分的发展。

三、在疫情中发掘新业态

2020年，新冠肺炎疫情暴发并肆虐全球，几乎导致地球"停摆"，整个世界的经济活动因此陷入了历史罕见的停滞中，对国际产业链、供应链和价值链造成了严重冲击，也严重破坏了中东欧国家经济积极向好的发展势头。

中东欧国家经济出口导向型特征明显，严重依赖欧盟市场，外部经济的不确定性让中东欧国家经济重启前景不明。在第二波疫情的冲击下，波兰、捷克等国感染人数不断攀升，防疫形势不容乐观。同时，债务水平持续上升。为了削弱疫情对市场的冲击，中东欧国家普遍出台了一系列财政刺激政策，包括财政扶持、企业补贴、生活保障等。根据相关统计数据，2020 年希腊财政赤字由 2019 年占 GDP 的 1.5％上升至 9.4％，而债务占 GDP 比重达到 213.7％。

虽面对百年疫情，"中国—中东欧合作机制"的各项活动仍在有条不紊地推进。在抗疫合作方面，中东欧国家在中国抗疫最吃紧的时候向中国伸出援手，匈牙利、波兰等国第一时间向中国提供了医疗物资援助。中国在国内疫情防控形势积极向好后，将公共卫生领域的合作作为疫情背景下"中国—中东欧合作"的当务之急和优先领域，在防疫物资和疫苗方面给予了中东欧国家坚定的支持。2020 年 3 月，中国同中东欧 17 国举行新冠肺炎疫情防控专家视频会议，分享和交流疫情防控经验及信息，为"中国—中东欧合作机制"赋予新的使命和内涵。在经贸合作方面，从线下走上云端，每年 6 月在宁波举办的中国—中东欧国家投资贸易博览会改为中东欧商品云上展，通过贸易对接会、直播带货等一系列活动，中东欧企业在疫情之下依旧能拓展中国市场。在复工复产方面，中国继续积极推动"中国—中东欧合作机制"重大项目复工复产，中欧班列重新开通，积极推动当地恢复生产。2020 年 6 月在河北沧州举行了中国—中东欧国家中小企业复工复产视频信息交流与洽谈会，通过线上交流的形式共商复工复产合作。

四、当下面临的新机遇

面对复杂国际环境、疫情和极端天气等多重挑战，中国国民经济持续恢复，发展水平再上新台阶。2021 年，中国国内生产总值（GDP）比上年增长 8.1％，两年平均增长 5.1％，在全球主要经济体中名列前茅；经济规模突破 110 万亿元，达到 114.4 万亿元，稳居全球第二。2021 年，按年平均汇率折算，我国经济总量达到 17.7 万亿美元，占世界经济的比重达 18.5％，对世界经济增长的贡献率达到 25％左右。中国与中东欧国家合作抗疫为深化"中国—中东欧合作机制"进一步打好了民意基础，而中国实现经济稳步增长，让中东欧国家看到了经济恢复的方向和信心，这都为疫后中国与中东欧国家继续深化合作奠定了基础。着眼于疫后，"中国—中东欧合作机制"可以在以下几个领域寻找新机遇：

一是以公共卫生合作开拓新领域。新冠肺炎疫情蔓延再次警示，公共卫生安全等非传统安全威胁不断上升，威胁全球人民的生命健康，同时公共卫生安全挑战必须由国际社会共同应对。中东欧国家是中国长期以来开展国际科技合作的重要伙伴，中国与中东欧国家建立了稳定的双边、多边合作机制，疫情更让中国和中东欧国家在疫苗、卫生医疗、生物科技、生物医药等领域拥有了广阔的合作前景。

二是以数字经济合作发动新引擎。2019年中东欧国家数字经济产值达940亿欧元，同比增长达7.8%，增速超过英法德等西欧发达国家。新冠肺炎疫情进一步刺激了数字经济的发展，中东欧国家开始普遍将加大对数字基础设施投入列入疫后重要议程，中国在数字经济方面具有技术、规模、产业优势，中国与中东欧国家数字经济合作将成为"中国—中东欧合作机制"的新引擎。

三是以绿色经济合作引领新发展。中国政府已经向全世界宣布了"2030年碳达峰和2060年碳中和"目标规划，中东欧国家视疫情后为实现绿色经济的机遇之窗。疫情后可充分借助"中国—中东欧机制"开展环保合作，扩大风能、太阳能等清洁能源联合开发，开展自然和生物多样性保护、应对气候变化等领域的研发创新，通过发行绿色金融债等手段支持绿色经济合作项目，为"中国—中东欧合作机制"增添绿色含量。

四是以冬奥体育合作创造新机遇。中国在2022年成功举办北京冬奥会，"3亿人上冰雪"是中国政府的承诺，也是国内国际冰雪旅游产业的重大机遇。中东欧国家在冰雪项目上处于世界领先位置，与中国在体育产业、场馆设施、赛事组织、竞技体育、冰雪旅游等方面互补性强，迎来新一轮中国—中东欧体育文旅合作的新机遇。

当前世界陷入深度衰退，人类面临历史上罕见的多重危机。放眼当下，各国都在加大力度重启经济，但复苏前景不容乐观。因此，"中国—中东欧合作机制"要以坚持务实为基调，捍卫多边主义，在做深做实传统领域合作的同时，拓展在公共卫生、数字经济、绿色经济、人文体育等新兴领域合作，在变局中开新局，必将推动"中国—中东欧合作机制"高质量发展，促进开放型世界经济向前发展。

第三节　粤港澳大湾区和双循环

2022 年是《粤港澳大湾区发展规划纲要》颁布实施 3 周年，是香港回归祖国 25 周年和开启"由治及兴"发展新阶段重要节点，也是横琴粤澳深度合作区和前海深港现代服务业合作区建设纵深推进的关键年份。据了解，三年多来，粤港澳大湾区 11 个城市 GDP 达到 12.63 万亿元，与 2019 相比增长 11.2%，在科技创新、对外开放、数字经济、现代产业、人文生态等方面取得阶段性突破性进展，"五个湾区"建设取得显著成效，大湾区向高质量发展典范迈出坚实步伐。

一、粤港澳大湾区高质量发展的密码

(一)战略引领是核心

三年多来,粤港澳大湾区之所以能取得飞速发展和举世瞩目的成就,核心是正确的战略引领。粤港澳大湾区建设是习近平总书记亲自谋划、亲自部署、亲自推动的重大国家战略。习近平总书记以政治家的远见卓识,从全局高度为粤港澳大湾区发展擘画蓝图,"一个国家、两种制度、三个关税区、三种货币"之下的湾区建设,开世界未有之先例。2019年2月,《粤港澳大湾区发展规划纲要》正式公开发布,对粤港澳大湾区的战略定位、发展目标、空间布局等作了全面规划,标志着粤港澳大湾区建设进入全面实施阶段。三年多来,在以习近平同志为核心的党中央坚强领导下,粤港澳三地和有关部门积极作为,有力有序推进各项工作,粤港澳大湾区建设取得阶段性显著成效。

(二)发展是基础

粤港湾大湾区是我国经济活力最强的区域之一,发展是粤港澳大湾区建设的基础,特别是高质量的发展。从粤港澳大湾区的地区生产总值、人均量以及劳动生产率来看，湾区经济呈现持续稳健的增长趋势，2000—2020 年年均 GDP 增速达8.39%，尤其是 2006—2015 年十年间增长最为迅速。粤港澳大湾区正式启动建设五年来，已步入了高质量发展阶段。2021年，粤港澳大湾区经济总量约 12.6 万亿元，比 2017 年增长约2.4 万亿元；进入世界 500 强企业达 25 家，比 2017 年增加8 家；广东省现有高新技术企业超 6 万家，其中绝大部分在粤港澳大湾区，比 2017 年净增加 2 万多家。随着粤港澳合作走向深入，大湾区综合实力显著增强，加快打造新时代经济高质量发展的典范。

(三)人才是关键

一个地区、一个城市的发展，关键在于人才，在于聚集人才，在于高素质人才队伍的建设。现代化湾区经济的开放性、创新性特征对劳动力素质更是提出了高要求，湾区经济发展不仅需要大量的劳动力，更需要高素质的劳动力。一是人口增长方面，2019 年大湾区人口总数为 8503.99 万人，2021 年为8668.39 万人，三年人口增长了 164.4 万，这为大湾区的发展提供了坚实的保障。二是吸引人才方面，广东深入实施人才强省"五大工程"，全省研发人员超过 110 万人，在粤外国人才占全国约 20%，"深圳—香港—广州"科技集群蝉联全球第二，大湾区高水平人才高地建设颇见成效。三是留住人才方面，2022 年粤港澳大湾区（广东）人才港正式开港，为大湾区人才提供安居落户、子女入学、交流培训、项目对接等全链条、一站式服务，为留住人才提供了全面的配套服务。广东省建成了"1＋12＋N"港澳青年创新创业孵化基地体系，累计孵化港澳项目超过2300 个、吸纳港澳青年就业达 3400 余人，为创新人才提供沃土。

（四）创新是动力

科技是第一生产力，决定一个国家、一个地区的核心竞争力。建设具有全球影响力的国际科技创新中心，是大湾区建设最突出的战略定位。创新综合能力方面，世界知识产权组织发布的《全球创新指数 2021》报告显示，"深圳—香港—广州"创新集群继续位列全球第二。高校方面，QS2022 年世界大学排名显示，香港继续成为唯一具有 5 所排名前 100 的全球城市。发明专利方面，大湾区 2020 年发明专利公开量 36.59 万件，为东京湾区的 2.39 倍，旧金山湾区的 5.73 倍，纽约湾区的 7.85 倍。实验室方面，大湾区已布局 2 家国家实验室、10 家广东省实验室、30 家国家重点实验室，以及 20 家香港、澳门联合实验室，聚集了众多具备国际顶尖水平的国内外院士科学家以及港澳科研机构，粤港澳科技创新资源加快集聚，大湾区国际科技创新中心的影响力显著增强。

(五)双循环是特征

"十四五"规划纲要指出,要加快构建以国内大循环为主体、国内国际双循环相互促进的新发展格局,这是以习近平同志为核心的党中央科学应对百年变局、重塑竞争格局、开拓发展新局的战略部署。粤港澳大湾区整合了国内最有活力的市场、最完整的产业链条和最前沿的对外开放阵地,是引领国内外双向开放的重要区域,对外开放是湾区经济发展的主要特征之一。三年多来,粤港澳大湾区已经发展成为中国高水平对外开放的高地,代表了中国最高的对外开放水平。从进出口额来看,大湾区自 1999 年以来至今进出口总额的变化情况,湾区外贸增长显著,包括 2000—2008 年、2010—2014 年、2016—2018 年三段增速高峰。2020 年受新冠肺炎疫情影响,外贸下降。在进出口方面,2019 年大湾区进口额达 67551 亿元,出口额达 77081 亿元,到了 2021 年,分别增长至 75377 亿元和 88751 亿元,三年增幅为 11.6% 和 15.1%。

(六)联通是润滑剂

"一个国家、两种制度、三个关税区、三种货币"之下的粤港澳大湾区建设,联通是发挥各自优势,促进区域经济共同发展的润滑剂。三年多来,粤港澳三地坚持基础设施"硬联通"和规则机制"软联通"并举,加快推动市场一体化进程。"轨道上的大湾区",港珠澳大桥、南沙大桥、在建的深中通道、深江铁路通道等,拉近粤东粤西的差距,口岸通关效率大幅提升,大湾区"1小时生活圈"基本形成。"硬联通"让三地往来更快捷,"软联通"让要素跨境流动更畅通。粤港澳大湾区在居住、教育、医疗卫生、就业、社会保障等方面出台的一系列务实举措,更是吸引了一大批港澳居民来内地就业创业、工作生活。2022年香港新冠肺炎疫情暴发以来,粤港澳三地共克时艰,共同抗疫。中央大力推动落实对香港、澳门特别行政区全面管治权,香港已逐步从被动融入到发挥"国家所需,香港所长"主动融入国家发展大局,进而促进了香港人心真正回归,这是港澳特区治理过程中得出的宝贵历史经验,也是"一国两制"实践走向更大成功的必然要求。

二、南沙方案助力粤港澳大湾区提速升级

(一)布局更加完善:从两大支点到三大引擎升级

2021年9月,中共中央、国务院印发的《横琴粤澳深度合作

区建设总体方案》《全面深化前海深港现代服务业合作区改革开放方案》先后对外发布,横琴和前海的战略地位提升,成为支撑珠江口东西两岸发展的两大支点。随着南沙方案的公布,大湾区将由两大支点向三大引擎转变,围绕珠江口的这三个引擎,形成了"品"字形的空间架构,结合各自的平台功能和制度使命,能够有效支撑区域的高质量发展,推动形成更高层次的对外开放,配合提升港澳发展能级,维持港澳的长期繁荣稳定。在这三个发展引擎的带动下,大湾区建设成为国际一流湾区和世界级城市群也就有了现实可能。

(二)合作更加全面:从经济合作为主向全面合作升级

南沙方案明确"五大任务",强调"全面合作"。"五大任务"即加快建设科技创新产业合作基地、青年创业就业合作平台、高水平对外开放门户、规则衔接机制对接高地和高质量城市发展标杆。"全面合作"不仅要涵盖港澳,也不局限于某些特定的方面,而是经济社会发展的各个重点领域。南沙背后有广州这样的腹地支撑,自身有广阔的空间,有相当的产业基础和开放度,有完善的基础设施条件。培育南沙形成一个面向世界的开放平台,建设成中国的南沙、世界的南沙,将有助于粤港湾大湾区城市的合作从偏重经济向全面合作升级。

(三)分工更加明确:从面向港澳向拓展国际升级

南沙方案突出了"一个定位",即"立足湾区、协同港澳、面向世界"。从横琴、前海和南沙各自的方案看,横琴侧重服务澳门,重点是支持澳门经济适度多元发展;前海着眼支持香港,重点是推动香港现代服务业能力的释放,为香港注入新发展动能;南沙突出"粤港澳全面合作"和"面向世界"两个关键,特别强调与港澳协同,共同扩大对外开放。未来不仅要与港澳合作,更重要的是经由港澳与国际开展合作,特别是与重要国际经贸组织合作,抢抓 RCEP 新红利,充分利用粤港澳大湾区靠近东盟十国的地理优势,积极争取各缔约方资本和优质项目进入中国第一站放在大湾区,其所属公司的中国总部甚至亚太总部设在香港、广州、深圳,尤其是加大对东盟十国的分拨集散业务和营销网络建设,继续提升出口竞争力。

三、粤港澳大湾区发展迎来历史发展新机遇

(一)服务双循环新发展格局

粤港澳大湾区作为国内循环与国际循环的结合与对接区,

是国家全面承载生产、分配、流通、消费运行过程，衔接供给需求体系，连接国内外市场的重要平台。其独特的区位优势、开放的制度环境、完备的产业体系、良好的创新土壤、成熟的资本市场，将使其成为构建新发展格局的最佳纽带。

从内循环来看，一是国内大循环的突出内涵是内需拉动、消费升级。香港澳门在内地有大量的投资，是世界主要国家国际投资者和跨国企业投资内地市场的首选通道。二是中国产业转型升级的关键在于以现代服务业为支点，撬动制造业的高端化发展。香港澳门具有现代服务业的先发优势，大湾区具有融合区域人才、产业和基础设施优势，两个优势互补，将构建"科创中心—现代服务业中心—先进制造业中心"三位一体的良性循环，带动大湾区有望率先实现创新驱动，拉动中国产业升级和供给侧改革的总体步伐。三是香港拥有全球顶尖的基础科研力量，创新能力居亚太区前列，五大高校进入世界大学100强，在生物医学、神经科学、基因组学、人工智能、计算科学与信息技术、智能城市等方面，一直走在全球前端，在发展物联网、大数据分析、云计算、信息和风险管理等方面也有较大优势，可与内地巨大的市场相融合，形成强有力的互补关系，推动内地产业创新向纵深发展。

从外循环看，要发挥香港澳门作为国际循环的有力推动者。一是香港将强化"超级联系人"功能。香港对内桥接珠三角、粤港澳大湾区，对外形成辐射泛南海经济圈和中国东盟自贸区建设的极点，以及海上丝绸之路建设和 RCEP 的枢纽。在金融层面，香港外持国际金融中心的地位，内接"陆港通""债券通"等便利性工具，为国际资本投向中国内地提供渠道。二是香港将打造"绿色金融引领者"角色。绿色发展是实现高质量发展的重要支柱。随着中国向全世界作出了碳达峰和碳中和的庄严承诺，绿色发展成为"十四五"期间高质量发展的底色。据不完全统计，在"十四五"期间，内地至少需要投资逾两万亿美元在绿色项目上。香港在内地发展绿色债券和绿色金融方面扮演融资重要角色，成为绿色金融的先导者。打造绿色金融中心，为建设绿色低碳湾区提供外资支援。三是香港将发挥"一带一路"功能平台的作用。随着新冠肺炎疫情带来世界经济复苏的不稳定性不确定性，"一带一路"作为全球公共产品将在疫情后的全球经济发展中扮演更加重要的角色。香港在"一带一路"金融、法律服务、仲裁、风险管理和投融资等方面具有不可比拟的优势，将有力推动共建"一带一路"高质量发展。四是发挥澳门与葡语国家联络优势。要发挥澳门与横跨四大洲、人口两亿多的葡语国家有着紧密且广泛的联系的优势，支持澳门扩展中国与葡语国家商贸合作服务平台功能，加快融入国家"双循环"发展格局，进一步为内地、澳门与葡语国家的双向交流合作搭建桥梁。

(二)抓住数字新发展机遇

当前,以数字技术为主要内容的新一轮科技革命和产业变革浪潮正在成为重组全球要素资源、重塑全球经济结构、改变全球竞争格局的关键力量。打造面向更高水平开放和更深维度创新的数字湾区是未来湾区经济的发展方向。未来需要以数字技术为抓手,建设包括5G、云计算、智慧物流、跨境支付等在内的数字化基础设施,进一步提升产业发展质量,提升公共服务水平;进一步完善数字基础设施,建立跨界协调机制以缩小内部区域差异,扩大数字贸易的对外开放;探索建立双体系并行的"特区中的特区"模式,以此来发挥两个体系的优势,促进要素资源的充分流动与高效配置。

(三)抢占国际科创新高地

应该看到,全球最大的发展机遇在中国,香港澳门发展的最大机遇在内地,"十四五"规划为粤港澳大湾区发展确定了宏伟的目标。大湾区内的城市各有特点、各有优势。发挥各自优势,实现资源互补基础上的合作,是大湾区进行协同创新的重要方式。以广州、深圳、香港、澳门为核心打造科技创新走廊,要将大湾区打造成国际科技创新中心。香港要发展成国际科创中心,离不开湾区内其他城市的支持与合作,尤其是科创产业特别发达的深圳的鼎力支持。而深圳又是区内科创实力最强的城市。相较之下，深圳是"强科技、弱金融"，而香港是"强金融、弱科技"，互补性极强。在制造业方面，做好"香港研发、湾区制造"的机制融合创新大文章，湾区具有世界最完整的制造业体系，深圳更是成功将创新科技转化实际运用的前沿城市，香港应发挥好自身优势，加快与湾区城市的错位互补发展，实现互利多赢。在产学研方面，加强粤港澳产学研协同发展，完善广深港、广珠澳科技创新走廊和深港河套、粤澳横琴科技创新极点"两廊两点"架构体系，推进综合性国家科学中心建设，便利创新要素跨境流动。

(四)打造优质生活新融合

建设宜居宜业宜游的优质生活圈，是粤港澳大湾区的重要战略目标之一，也是粤港澳大湾区吸引和留住全球人才的软环境保障和促进香港人心回归的重要保障。未来要将支持香港建设"中外文化艺术交流中心"和澳门建设"以中华文化为主流、多元文化并存的交流合作基地"与构建优质生活相结合，积极促进中外文化交流互鉴，繁荣发展粤港澳大湾区文化事业和文化产业，建设具有国际影响力的人文湾区和休闲湾区。推动粤港澳大湾区内地9市国家森林城市建设，为居民工作生活创造良好环境。

第五章

"一带一路"与新领域合作

习近平总书记在第三次"一带一路"建设座谈会上指出,要稳步拓展合作新领域。要稳妥开展健康、绿色、数字、创新等新领域合作,培育合作新增长点。要加强抗疫国际合作,继续向共建国家提供力所能及的帮助。要支持发展中国家能源绿色低碳发展,推进绿色低碳发展信息共享和能力建设,深化生态环境和气候治理合作。要深化数字领域合作,发展"丝路电商",构建数字合作格局。

绿色经济、数字经济是共建"一带一路"合作新领域,也是合作新增长点。从统筹存量和增量角度看,要从世界经济产业发展大势出发，正确处理好共建"一带一路"项目存量和增量关系，既要推进存量项目的落实落地，又要长远谋划增量项目的方向定位。在存量方面，受新冠肺炎疫情和全球气候变化政策等方面影响，全球产业链供应链面临重塑，一些能源项目启动面临调整。因此，既要克服疫情等因素影响，进一步深化落实传统基础设施项目合作，又要下决心淘汰一批安全风险高、生态成本高和不可持续的项目，减少高耗能的传统基建项目，推动项目转型升级。在增量方面，要增加新基建项目比重，打造战略支点国家的成功样板。要以数字经济合作为新引擎，疫情进一步刺激了数字经济的发展，而中国在数字经济方面具有技术、规模、产业优势，应增加与"一带一路"国家的数字基础设施合作力度。要以绿色经济合作引领新发展，增加风能、太阳能等清洁能源联合开发，开展自然和生物多样性保护、应对气候变化等研发创新，通过发行绿色金融债等手段支持绿色经济合作项目。

第一节　中欧班列畅通"一带一路"双循环

2021年，受新冠肺炎疫情影响，全球产业链供应链面临断裂风险，海运、空运严重受阻，中欧班列连续第二年实现开行破万列，开行15183列，同比增长22%，开行量和货运量再创历史新高，通过中欧班列这条国际货运大通道，国内产品可以"走出去"，国外货物也可以"运进来"，成为疫情中世界的"生命通道"和"命运纽带"，成为畅通双循环的重要渠道。2022年2月俄乌冲突以来，以美国为首的西方国家对俄罗斯制裁不断加码升级，西方媒体也将矛头对准中欧班列，夸大受冲突影响的部分中欧班列线路营运问题，一时间西方媒体所谓的"中欧班列停摆论"甚嚣尘上，甚至开始出现所谓的"一带一路"建设崩溃论。

一、偏离事实的"中欧班列停摆论"

进入俄乌冲突最激烈的3月，西方媒体在集中报道美西方国家不断加码升级对俄制裁措施的同时，开始出现了所谓中欧班列"停运"的报道，一些主流西方媒体打着"经济""专业"的标签，集中唱衰中欧班列，主要论调集中在几个方面：一是"中国中欧铁路互联互通梦破灭"，中国开始主动调整开发通往欧洲的"一带一路"铁路的计划，因为这条铁路的大部分穿越俄罗斯领土；二是"欧洲抵制中欧班列中国货"，抹黑称伴随着西方制裁带来的安全风险和不断增加的付款障碍，西方特别是欧洲抵制中国的货物由中欧班列经俄罗斯进入欧洲；三是"中欧贸易骤减"，称中国数据显示，3月开始中国开往欧洲的火车出口量

"大幅减少",而在俄乌开战前,即 2022 年前 2 个月,铁路出货量平均增长 70% 以上;四是"中欧班列只卖中国货",中欧班列都载空箱返中。这一系列西方舆论"中欧班列停摆论"组合拳实际上是将中欧班列短期风险长期化、局部风险扩大化、经济风险政治化,实质形成了西方对华信息战舆论战的一部分。

客观而言,地缘政治冲突对中欧班列确实造成了短期的影响,风险因素在上升。可以看到,当前冲突地区乃至周边关联地的交通运输部分受限,叠加全球疫情影响,中欧班列的运期出现延长现象。此外,中欧班列运费在俄乌冲突以来出现短期下降,货运存在被扣风险。

对于外部环境突发因素超过预期,中央作出了准确判断,坚持"稳中当头、稳中求进"的工作总基调,对于中欧班列的短期风险,采取了多措并举政策。铁路部门和海关采取有力措施,维持列车开行和顺利通关,中欧班列各运营方正尽最大努力留住白色家电、汽车等货运大客户,探索为货主提供类似运费险的服务来缓解市场担忧,消弭中欧班列的短期风险,积极的一面不断上升。

二、数据支撑的"中欧班列光明论"

2022 年 4 月,国家相关部门公布的数据显示,2022 年一季度，国铁集团加强国际联运组织，与国内海关部门及外贸、物流企业紧密协作，中欧班列开行 3630 列、发送 35 万标箱，同比分别增长 7%、9%。就在俄乌冲突最紧张、西方制裁最集中的 3 月，中欧班列的开行量仍保持千列以上，已连续 23 个月单月开行量保持千列以上。中欧班列继续在逆风中开出加速度，让"中欧班列停摆论"显得更加苍白无力。

从中欧班列运行路线看，目前中欧班列共有西、中、东三条主要运行线路，其中由重庆、成都、西安等中西部城市发车，经阿拉山口和霍尔果斯口岸出境的西线班次最多。从新疆出境后，班列通常途经哈萨克斯坦、俄罗斯、白俄罗斯、波兰等国继续向欧洲开行。从统计数据看，2021 年，过境乌克兰的集装箱运输量仅占中欧班列西行运输量的 2%，俄乌冲突以来，过境乌克兰的中欧班列基本都已停运。因此，从整体风险看，即使短期受俄乌冲突影响，中欧班列的运营总体可控。

从中欧班列国内始发站看，2022 年一季度，在中部城市郑州，中欧班列（中豫号）累计开行 423 列，较 2021 年同期增长 21%，其中，3 月开行 172 列，较 1 月、2 月分别增长 39% 和 34%，班列开行计划兑现率 100%。在东部省份江苏，江苏中欧（亚）班列开行 534 列，同比增长 71.2%，超额完成年初制定的力争开行 500 列的阶段目标。其中，去程 349 列，同比增长 29.3%；回程 185 列，同比增长 343.2%。在北部城市大连，大窑湾海关共监管出口中欧班列（大连）23 列、计 2284 标箱、货重 1.83 万吨、货值约 4.77 亿元，同比分别增长 53.33％、53.91％、41.49％、37.69％。在南部城市深圳，"湾区号"国际班列累计开行 30 列，其中，中欧班列开行 26 列，货重 13443 吨、货值 7.3 亿元，分别同比增长 23.8％、13.7％、31.5％，主要发往中东欧国家。

从中欧班列近年发展看，中欧班列的运营已经日趋成熟、模式科学，通达欧洲 23 个国家 180 个城市，为保障国际产业链供应链稳定、推动共建"一带一路"高质量发展作出积极贡献。同时中欧班列克服了前期运营中资源调配、资源重叠的问题，"回程空箱"的情况已经大幅减少。2021 年前 10 个月，回程班列数量与去程班列的比值达到 8.1 : 10。这也使中欧班列回程"空箱"的现象成为过去，进一步实现双向均衡，中长期对路线的承载力、盈利能力趋于乐观。

三、逆势而上背后的"中欧贸易逻辑"

在世纪疫情和俄乌冲突叠加影响下，中欧班列在逆势中继续迎难而上，交上一份靓丽的"成绩单"，这背后是中国与欧盟之间紧密的中欧贸易内在逻辑。

中欧贸易体量大幅增加。中国和欧盟双方互为最大的贸易伙伴之一，2021年中国与欧盟间的贸易额突破8000亿美元，中国继续保持欧盟第一大贸易伙伴的地位，中欧双向投资规模超过2700亿美元。2022年一季度，欧盟是中国的第二大贸易伙伴，中欧双边贸易额达2058.7亿美元，同比增长12.2%。中国对欧盟的出口，同比增长23.3%，在前三大贸易伙伴的出口增速中，中国对欧盟出口增速是最快的。

中欧贸易互补性强。双边在机械设备和车辆等贸易领域，已经形成了紧密的产业链和供应链关系。2022年一季度中欧机电产品、轻工商品、高技术产品贸易分别增长10%、19%和31%。中欧中间品贸易达842.6亿美元，占中欧贸易比重达40.9%。

中欧贸易向"高质量贸易结构"迈进。双方不仅在光电、生物、航空航天等产业链上游领域的贸易增速数据亮眼，还在绿色金融、新能源、电动汽车等领域实现了稳中有进的双向投资增长，进一步夯实了中欧可持续贸易往来的基础。

俄乌冲突以来，欧洲国家紧紧追随美国制裁令，2022年4月，欧盟决定禁止从俄进口煤炭，并减少对俄石油和天然气的进口依赖，加剧了欧洲能源供应紧张状况，导致通胀高企，令欧洲经济民生付出更惨重代价。面对当前全球产业链供应链紊乱、大宗商品价格持续上涨、能源供应紧张、粮食危机不断升级，全球经济在失衡失速失控的边沿徘徊，中欧共同坚持主张多边主义与自由贸易体系，致力于共同建设开放型世界经济，中欧贸易逆势上扬，中欧班列为护航中欧贸易，以实际行动支持全球经济复苏，实属难能可贵。

在当前动荡的世界中，中欧作为全球两大力量、两大市场，中欧关系健康发展的意义已远远超出双边范畴，中欧经贸关系承担起中欧关系乃至世界的稳定剂和定盘星作用。随着我国实施更大范围、更宽领域、更深层次的对外开放，一列列满载着中欧合作共赢的中欧班列"钢铁驼队"，有力推动国内国际双循环新发展格局，必将推动中欧关系行稳致远、必将为全球的经济复苏注入更强大的动能。

第二节　"一带一路"铺就绿色底色

绿色一直是"一带一路"建设的底色。2019年，习近平主席在第二届"一带一路"国际合作高峰论坛开幕式上强调，"要坚持开放、绿色、廉洁理念，不搞封闭排他的小圈子，把绿色作为底色，推动绿色基础设施建设、绿色投资、绿色金融，保护好我们赖以生存的共同家园"①。这为"一带一路"绿色发展明确了方向。

---

① 《十九大以来重要文献选编》(中)，中央文献出版社2021年版，第17页。

在推动绿色基础设施建设方面，中国企业承建和设计"一带一路"项目，在促进当地经济发展的同时，充分考虑生态因素，实施了一批绿色、低碳、可持续的清洁能源项目，建设了大量太阳能、风能等可再生能源项目。据统计，中国在"一带一路"沿线国家可再生能源项目投资额每年维持在 20 亿美元以上。

在绿色投资和金融方面，2016 年杭州 G20 峰会上，作为轮值主席国，中国首次将绿色金融作为 G20 峰会的重点议题，体现了中国推动经济向绿色转型的决心和大国担当。2018 年，中英绿色金融工作组联合发布《"一带一路"绿色投资原则》，将低碳和可持续发展议题纳入"一带一路"倡议，以提升投资环境和社会风险管理水平，进而推动"一带一路"投资的绿色化。美国著名智库——美国企业公共政策研究所发布的报告也显示，从 2014 年到 2020 年，中国在"一带一路"项目中可再生能源投资占比大幅提升了近 40%，超过了化石能源投资。这也让所谓中国借"一带一路"搞"碳排放转移"的指责不攻自破。

这一系列措施为"一带一路"铺就了绿色底色。同时，为应对全球气候变化和环境污染带来的挑战，实现我国经济的可持续发展，2020 年中国宣布，中国二氧化碳排放要力争于 2030 年前达到峰值，争取在 2060 年前实现碳中和。但同时，我们也要看到，沿线国家单位 GDP 能耗比经合组织国家仍然高 40% 至 50%，单位 GDP 二氧化碳排放比经合组织国家高 80%，化石能源消费占比和化石能源发电占比仍居高不下，沿线国家的绿色转型发展任重道远。

2020 年，新冠肺炎疫情肆虐，对国际产业链、供应链和价值链造成影响，也让"一带一路"沿线国家经济遭受巨大冲击。疫情再次警示人类，不能沿着只讲索取不讲投入、只讲发展不讲保护、只讲利用不讲修复的老路走下去。中国政府在疫后经济复苏阶段，提出"碳达峰""碳中和"等绿色低碳发展举措，呼吁各国要树立创新、协调、绿色、开放、共享的新发展理念，抓住新一轮科技革命和产业变革的历史性机遇，推动疫情后世界经济"绿色复苏"。

具体而言，要加强绿色"一带一路"的政策引导和能力建设，进一步突出"一带一路"绿色发展理念，推进重点绿色投资项目，打造惠及沿线国家和地区的绿色产业链；顺势调整"一带一路"基础设施建设项目比重，推动陆海天网四位一体联通，从以"老基建"为主向以数字经济等"新基建"为主转型发展，在"数字丝绸之路"建设框架下，协助发展中国家发展数字经济，包括互联网普及计划、数字产业推广、推动有关产业数字化；依托重点绿色投资项目孵化绿色发展共同体，提升"一带一路"沿线国家和地区的绿色能力建设，加快实现绿色转型；加强沿线国家和地区的绿色供应链合作与示范，深入推进绿色采购、绿色生产和绿色消费一体化，打造"一带一路"新型绿色产业链；大力发展水电、风电、光伏等清洁能源，帮助"一带一路"沿线国家能源供给向高效、清洁、多元化方向加速转型。

当前，世界经济虽呈现复苏势头，但由于疫情的不确定性以及疫苗接种的不平衡性，经济整体复苏仍不稳定、不平衡。特别是发展中国家和"一带一路"沿线国家，经济复苏的前景仍不明朗。联合国环境规划署 2021 年 4 月发布的一份报告显示，2020 年各经济体公布的复苏计划相关支出共约 14.6 万亿美元，其中只有 3680 亿美元的支出项目符合"绿色标准"，而且大部分绿色支出集中在少数高收入国家，这很可能加剧疫情前就已存在的绿色经济发展不平衡现象。

绿色地球是全人类共同追求的目标，在世界经济的"绿色复苏"过程中，绿色竞争并不可怕，可怕的是以意识形态为界建立排他性的"小圈子"。世界经济的绿色复苏需要国际社会共同加强多边主义合作，共同捍卫经济全球化。我们相信，未来"一带一路"绿色的成色将更足，必将为世界经济绿色复苏注入强劲动力，成为疫后经济发展的重要推动力。

第三节　碳中和与"一带一路"

"一带一路"沿线国家的绿色转型对自身和全球的可持续发展至关重要，没有沿线国家的绿色转型，就没有全球的可持续发展。

　　近年来，世界主要大国都纷纷宣布碳中和的目标，西方国家更是将碳中和作为引领世界气候变化规则制定的重要抓手。随着中国政府庄严向世界作出了碳达峰和碳中和"30·60"承诺，并将其写入了"十四五"规划中，西方国家开始把碳中和的矛头对准"一带一路"。近来，美国、英国、日本等国加紧协调，炮制所谓的"一带一路"替代方案，推动"高水平基建""高水平融资"以应对中国的"一带一路"倡议。这些国家提出的所谓"一带一路"替代方案，其中一个重要的原因是指责在碳中和背景下，中国作为全球最大的碳排放国，通过在"一带一路"投资设厂，变相实现"碳排放转移"。因此，西方国家必须团结起来，推出西方版"一带一路"绿色替代方案，强化与中国的"绿色竞争"，抢夺绿色的国际领导权。在碳中和的背景下，"一带一路"建设如何在危机中育新机，带动疫后绿色复苏，引发各界关注。

一、"一带一路"的绿色博弈升温

　　"碳中和"是指一定时间内温室气体的排放总量，通过植树造林、节能减排等实现正负抵消，相对"零排放"。虽然中国政府基于构建人类命运共同体和承担大国责任角度出发，宣布的碳达峰和碳中和目标愿景，反映了《巴黎协定》"最大力度"的要求，并承诺将付出艰巨的努力达到目标。但是美欧国家始终视气候变化问题为占据未来产业和贸易规则制定的主导权关键举措，加紧联合对"一带一路"绿色发展问题进行集中施压。

拜登政府将气候变化议题作为美国对外政策的中心议题，上任当天立即宣布重返《巴黎协定》，并于 2021 年 4 月 22 日至 23 日，举办首次领导人气候视频峰会。拜登政府一方面在气候变化问题上要求中国开展合作，通过国际组织提出高环保标准。另一方面，拜登视华为头号的竞争对手，拟以气候变化为抓手，对我国经济形成牵制。拜登政府提出 2 万亿美元气候变化综合应对计划，目标是促成美国 2035 年无碳发电，2050 年 100％清洁能源。通过大力推动新能源发展，意图在新能源领域与我国争夺市场。拜登政府主张制定更高的环保标准，限制中国在"一带一路"沿线国家投资和建厂，指责中国作为全球最大的碳排放国，通过在"一带一路"投资设厂，变相实现"碳排放转移"。此外，拜登还明确反对中国在"一带一路"沿线国家为化石能源项目提供资金，补贴出口，认为这是将污染向外转移。

欧洲国家作为后工业国家的典型代表，在气候变化和绿色经济方面走在世界的前列。欧盟内部通过欧盟碳排放交易系统（Emissions Trading System，简称 ETS）对碳排放进行定价，高排放行业需要为每吨碳排放支付大约 25 欧元。由于外国企业不必支付这笔费用，导致其产品可能会更具竞争优势。这样一来，所谓"碳泄漏"的风险也就随之增加：电力、钢铁和水泥等高碳产品的生产可能会转移到其他排放政策不太严格的国家。"碳泄漏"会对欧盟国家的就业和投资构成威胁，并影响气候政策的落实。欧盟一向主张必须建立碳排放的强制措施和明确标准，规范企业碳排放行为，欲凭借气候政策在大国竞争中占据先机。

2019 年 12 月，欧委会通过的《欧洲绿色协议》，将碳边境调节税连同能源税制改革作为加速绿色转型的方式之一。碳边境调节税要求进口商品支付与欧盟同类商品相同的碳价，以反映其对气候的影响。而同样征收了国内碳税的经济体的产品则可以享受豁免，此举将激励其他国家也采取更加有力的气候政策。2021 年 7 月 14 日，欧委会宣布推出全球首个"碳边境税"计划草案，2022 年 3 月欧洲理事会批准，对包括钢铁、水泥、化肥和铝在内的进口碳商品征收关税，作为实现新气候目标计划的一部分。该计划将从 2026 年开始分阶段实施，2023 年起欧盟将会对这些行业开启工业排放的监测和报告。该计划将对我国"一带一路"化石能源、电力、基建材料、工业园区等项目影响较大。

拜登上台后，加强了美欧在气候政策上的协调力度，一方面进一步限制化石能源投资。虽然《赤道原则》没有明确排除化石能源，但全球金融机构正在面临退出煤炭的压力。据不完全统计，已有超过 120 个金融机构制定了限制支持煤炭的政策，已有超过 45 个金融机构限制对石油和天然气的支持。另一方面，和欧盟共同协商推动"碳边境税"落地。实质上是建立一种以绿色为标签的"欧美关税同盟"，在新一轮 WTO 改革中利用气候变化等条款占据价值链高端，其对全价值链的覆盖将使中国产品出口或"一带一路"产能国际合作受到冲击。

二、"一带一路"铺就绿色底色

实际上，绿色一直以来都是"一带一路"建设的底色。中国政府通过多种形式的务实合作，帮助发展中国家提高应对气候变化和实现绿色转型的能力。2019 年，习近平主席在第二届"一带一路"国际合作高峰论坛上强调，"要坚持开放、绿色、廉洁理念，把绿色作为底色，推动绿色基础设施建设、绿色投资、绿色金融，保护好我们赖以生存的共同家园"，这一重要讲话为"一带一路"绿色发展明确了方向。2021 年 4 月 22 日，习近平主席在"领导人气候峰会"上深刻指出，"中方还将生态文明领域合作作为共建'一带一路'重点内容，发起了系列绿色行动倡议，采取绿色基建、绿色能源、绿色交通、绿色金融等一系列措施，持续造福参与共建'一带一路'的各国人民"。

绿色基建层面，中国坚持《巴黎协定》，积极倡导并推动将绿色生态理念贯穿于共建"一带一路"倡议。中国与联合国环境规划署签署了关于建设绿色"一带一路"的谅解备忘录，与30多个沿线国家签署了生态环境保护的合作协议。建设绿色丝绸之路已成为落实联合国2030年可持续发展议程的重要路径，100多个来自相关国家和地区的合作伙伴共同成立"一带一路"绿色发展国际联盟。中国企业承建和设计"一带一路"项目，在促进当地经济发展的同时，充分考虑生态因素，实施了一批绿色、低碳、可持续的清洁能源项目，建设了大量太阳能、风能等可再生能源项目。肯尼亚蒙巴萨—内罗毕铁路成为一条绿色之路，蒙内铁路在设计和建设中多管齐下，尽最大努力做好野生动物保护，如优化线路方案，尽量避让内罗毕野生动物园；设置一定数量的野生动物通道，并设置引导设施，引导动物安全穿过铁路；线路两侧设置隔离栅栏，避免动物爬行通过时与列车相撞等。在铁路沿线，随时可能看见从预留野生动物通道穿行的斑马、狒狒、角马等。据统计，中国在"一带一路"沿线国家可再生能源项目投资额每年维持在20亿美元以上。

绿色投资层面，据全球基础设施中心（GIH）估计，从2016年到2040年，全球的基础设施投资需求将达到94万亿美元，其中大部分来源于发展中国家，特别是"一带一路"沿线国家。据世界银行计算，基础设施和建筑物在建设和运行过程中排放的温室气体占全球碳排放总量的 70%，且一旦建成其年排放量将在未来数十年保持不变，具有明显的"碳锁定效应"。这要求相关机构在项目建设和运营中更多考虑环境和社会因素，积极开展绿色投资。2018 年，中英绿色金融工作组联合发布《"一带一路"绿色投资原则》，将低碳和可持续发展议题纳入"一带一路"倡议，以提升投资环境和社会风险管理水平，进而推动"一带一路"投资的绿色化。截至 2021 年 4 月，已有 39 个全球的大型机构签署了该原则，这些机构管理着高达 48 万亿美元的资产，并共同承诺要在"一带一路"沿线国家和地区，加强绿色低碳投资。美国著名智库——美国企业公共政策研究所发布的报告也显示，从 2014 年到 2020 年，中国在"一带一路"项目中可再生能源投资占比大幅提升了近 40%，超过了化石能源投资，这也让所谓中国借"一带一路"搞"碳排放转移"的指责不攻自破。

绿色金融层面，2016 年杭州 G20 峰会上，作为轮值主席国，中国首次将绿色金融作为 G20 峰会重点议题，体现了中国推动经济向绿色转型的决心和大国的担当。当前，全球气候投融资市场逐步成长，成效已经初显。2019 年全球绿色债券发行规模 1734 亿美元。中国成为全球最大绿债市场，在岸市场发行贴标绿债约 2885 亿元。同时，实践绿色金融不但是社会责任，也是金融业自身的重大发展机遇和防范风险的内在要求。"绿色金融合作网络"发布报告指出，气候变化通过物理风险和转型风险很有可能转化为金融风险，并号召全球央行、监管机构和金融机构行动起来，增强金融体系抵御环境和气候风险的能力，加快绿色发展。近年来，中国金融机构积极响应责任投资理念(ESG)，将更多全球资金配置到相关绿色项目，为建设绿色"一带一路"提供资金支持。统计数据显示，我国主要商业银行绿色信贷的平均违约率低于各项贷款平均违约率，更低于"棕色"贷款违约率。

在上述系列措施下，"一带一路"绿色成色更加凸显，绿色逐渐成为"一带一路"建设的底色。

三、"一带一路"推动疫后绿色复苏

2020年，突如其来的新冠肺炎疫情暴发并肆虐地球，几乎导致地球"停摆"，整个世界的经济活动因此陷入了历史罕见的停滞中，对国际产业链、供应链和价值链造成了历史性冲击，也让"一带一路"沿线国家的经济遭受了巨大冲击。疫情再次警示人类不能沿着只讲索取不讲投入、只讲发展不讲保护、只讲利用不讲修复的老路走下去。

"一带一路"沿线国家占全球人口的 60％ 左右，按购买力平价计算的全球 GDP 的 47％，全球年二氧化碳排放的 55％，全球遭受 PM2.5 空气污染超过世界卫生组织标准的人口的 68％。这些数字表明，"一带一路"沿线国家的绿色转型对自身和全球的可持续发展至关重要，没有沿线国家的绿色转型，就没有全球的可持续发展。但同时我们也必须看到，沿线国家单位 GDP 能耗比经合组织国家仍然要高 40％－50％，单位 GDP 二氧化碳排放比经合组织国家要高 80％，石化能源消费占比和石化能源发电占比仍居高不下，沿线国家的绿色转型发展和碳中和目标仍然任重道远。

在疫情背景下，"一带一路"合作中的绿色经济、数字经济等产业得到了逆势上扬，让绿色的含量更加凸显。中国政府在疫后经济复苏阶段，提出"新基建""中国碳中和承诺"等绿色低碳发展举措，呼吁各国要树立创新、协调、绿色、开放、共享的新发展理念，抓住新一轮科技革命和产业变革的历史性机遇，在危机中育新机，采取系列绿色措施，推动疫后世界经济"绿色复苏"。

一是强化政策引导。将生态文明领域合作作为共建"一带一路"重点内容，在疫后加强绿色"一带一路"的政策引导和能力建设，进一步突出"一带一路"绿色发展理念，推进重点绿色投资项目，打造惠及沿线国家和地区的绿色产业链。

二是加大绿色基建。顺势调整"一带一路"基础设施建设项目比重，推动陆海天网四位一体联通，优先考虑低碳项目和低碳投融资，大力发展水电、风电、光伏等清洁能源领域，帮助"一带一路"沿线国家能源供给向高效、清洁、多元化方向加速转型。从以老基建为主向以数字经济等新基建为主转型发展，在"数字丝绸之路"建设框架下，协助发展中国家发展数字经济，包括互联网普及计划、数字产业推广、推动有关产业数字化。

三是固化绿色产业链。依托重点绿色投资项目孵化绿色发展共同体，提升"一带一路"沿线国家和地区的绿色能力建设，加快实现绿色转型。加强沿线国家和地区的绿色供应链合作与示范，深入推进绿色采购、绿色生产和绿色消费一体化，打造"一带一路"新型绿色产业链。

四是配套绿色资金链。加强绿色融资对绿色投资的支撑和引领，设立"一带一路"绿色投资基金，充分发挥其与双多边开发资金以及国内金融机构优势互补的协同效应，全方位支持在沿线国家和地区的绿色投资。针对重点绿色投资项目及围绕其形成的绿色产业链，为绿色投资提供更多融资工具的选择，构建"绿色融资支撑和引领绿色投资，绿色投资回馈绿色融资"的绿色资金链。

五是搭建绿色投资服务平台。建立绿色项目信息和绿色认证信息的"一带一路"绿色项目库，为项目与资金方提供对接平台。利用人工智能、卫星监测、大数据等新技术，对"一带一路"重点项目投资全球碳排放开展实时监测，推进"一带一路"生态环保大数据服务平台建设。

六是参与引领国际绿色治理。利用中国在可再生能源设备和技术方面的领先优势，帮助"一带一路"沿线国家加强清洁煤电技术、防沙治沙、生态修复技术，助力、引领共建国家绿色发展。继续坚持"共同但有区别的责任"原则，帮助发展中国家提升应对碳中和以及气候变化的韧性，加强与广大发展中国家在WTO机制下对"碳边境税"的协同，共同反对利用气候变化实施单边主义，损害疫后世界经济复苏的信心。

七是落实应对气候变化第三方市场合作。在"一带一路"项目上，加强与美欧在碳市场和碳排放机制上的合作力度，在绿色标准一体化的对话中，各监管机构和市场参与者可以一同探索将亚洲、欧洲和拉美纳入其框架的机会，将关键市场联结起来，为"一带一路"项目的开发吸引更多绿色资本，降低投资和环境风险。切实加速推进中美欧"一带一路"建设第三方市场合作，推动低碳转型。

当前，世界经济复苏虽呈现复苏势头，但由于疫情的不确定性以及疫苗接种的不平衡性，经济整体复苏仍不稳定不平衡。特别是发展中国家和"一带一路"沿线国家，经济复苏的前景仍不明朗。联合国环境规划署发布的一份报告显示，2020年各经济体公布的复苏计划相关支出共约 14.6 万亿美元，其中只有 3680 亿美元的支出项目符合"绿色标准"，而且大部分绿色支出集中在少数高收入国家，这很可能加剧疫情前就已存在的绿色经济发展不平衡现象。

绿色地球是全人类共同追求的目标，在世界经济的"绿色复苏"过程中，绿色竞争并不可怕，可怕的是以意识形态为界限排他性的"小圈子"。实际上，世界经济的"绿色复苏"需要包括中美在内的国际社会共同加强多边主义合作，共同捍卫经济全球化。正如习近平主席在"领导人气候峰会"上所指出的，"只要心往一处想、劲往一处使，同舟共济、守望相助，人类必将能够应对好全球气候环境挑战，把一个清洁美丽的世界留给子孙后代"。我们也相信，未来"一带一路"绿色的成色将更足，必将为世界经济绿色复苏注入强劲动力，成为疫后经济发展的重要推动力。

第六章 | "一带一路"与"心联通"

　　习近平总书记在第三次"一带一路"建设座谈会上强调：8 年来，在党中央坚强领导下，我们统筹谋划推动高质量发展、构建新发展格局和共建"一带一路"，坚持共商共建共享原则，把基础设施"硬联通"作为重要方向，把规则标准"软联通"作为重要支撑，把同共建国家人民"心联通"作为重要基础，推动共建"一带一路"高质量发展，取得实打实、沉甸甸的成就。国之交在于民相亲，民相亲在于心相通，人文交流不仅加强了"一带一路"各国的友好往来，更推动了各国人民的心联通。

"心联通"是共建"一带一路"新提法，将其作为重要基础，体现了"一带一路"高质量发展的必然要求，强者绝不只是通路、通电、通气、通水、通航，强者通心。

第一节　激活"一带一路"文化
经济双循环与微循环

百年未有之大变局的"变"，首先体现在全球治理面临新困境。从大历史维度看，两次世界大战以来的人类历史陆续迎接了"经济滞胀""冷战""2000年互联网泡沫的破灭""2008年金融危机的爆发""数字货币的诞生"等挑战。以2008年金融危机为分水岭，全球治理发生了深刻变革，也就是从20世纪70年代初到21世纪前十年，是全球主义、多边主义、自由主义兴起的时代。2008年之后，我们看到民族主义、民粹主义、保守主义上升非常明显，全球治理面临新困境。

第一，究竟是什么因素引发了这个大变局？有三个主要因素值得关注，即全球化、金融化、数字化。

首先是全球化，当然更多是逆全球化。从20世纪80年代开始，全球GDP不断上升，从全世界到每个国家"蛋糕"越做越大，产业链的全球化也非常明显，但每个国家在其中的受益度并不均等。从商品贸易看，20世纪80年代，商品贸易是低收入国家拉动 GDP 的主要因素。20 世纪 90 年代以来，中等收入国家成为受益最多的国家。中国因为 20 世纪 80 年代以来的对外开放和 21 世纪初加入世贸组织，在此全球化进程中受益匪浅。但是，2008 年金融危机之后，一些重债穷国对商品贸易的依赖度最高，到 2012 年和 2014 年之后，美国带动全球经济复苏，高收入国家依靠商品贸易拉动 GDP 比率越来越高，这也可以解释为什么以美国为首的发达国家频繁发动贸易战。

全球化在催生文化融合的同时，也带来文化冲突与挑战，派生出阶层矛盾、民族矛盾、世代矛盾、种族矛盾、宗教矛盾等，也在此过程中对所有人发出灵魂拷问：谁是更好的？以及原有的故事无法继续的虚无感，即我是谁？敌人已经不是敌人，英雄还是英雄吗？价值观出现断裂或撕裂感，甚至产生价值错位。这或许是逆全球化不断升起的内在原因。

其次是金融化。我们看到资本的力量非常强大。全球经济都在被金融化，体现在不仅金融所占比重越来越高，而且经济关系也越来越金融化。社会资产也被金融化。近十年甚至更长时间世界经济呈现低利率，金融危机之后整个呈现零利率，2021 年叠加新冠肺炎疫情，全球经济一度陷入停摆。大家都在讨论全球经济是否陷入大萧条？美国四次熔断史无前例，也因此拿出一个货币政策的大礼包，全球利率陷入负利率阶段，这意味着，资产受益所得比劳动受益所得高得多，因此，贫富分化也越来越严重，以美国为例，美国最富有的1％人群收入是低收入的90％人口收入的总和，而且这种分化逐步呈现拉大趋势。金融化带来财富分化加剧和阶层固化等社会问题。

最后是数字化。数字化在改变生活的同时，也带来很多悖论，银行变得很困难，业务还需要，但银行好像已经不被需要了。不仅银行，很多市场也在消亡。但是，市场化的脚步却越来越快，传统的商场门可罗雀，很多都已经关门，但是，商业繁荣还在继续。一方面互联网带来去中心化，另一方面头部效应又变得非常明显。巨头变得越来越大，优胜劣汰加剧，越大可能倒得越快。我们有必要讨论一个问题，先有社区还是先有银行？当然先有社区。那么，在当前互联网覆盖下，社会关系发生深刻变化，对应的金融机构和治理模式，也都将发生变化，导致社会建构的失衡。

上述三大变化带来三大失衡，全球治理迎来拐点：自发性、瞬时性、无中心化、群体性越来越突出。财富分化导致社会不公，主要表现为社会形态和社会治理模式的不匹配，但又无力改变，派生全球暴力频发、强人政治、社会撕裂状况。基于此，我们重新审视百年未有之大变局，其实是一个传统治理终结问题，也就是新的社会形态需要新的组织结构和治理方式。回溯百年乃至更长历史周期，每次技术革命都会催生社会结构和治理方式的变革，乃至催生思想与社会的变革与革命，等等。

因此，所谓"百年未有之大变局"，其实是面临治理的困境，人类站在历史的新的岔路口，面临何去何从的选择。

第二，为什么说"一带一路"是一个好的解决方案？

首先，"一带一路"不是手绘的，而是用脚走出来的。如同经济学的市场化过程，它自发形成，并非谁主观要造一条路给大家走。作为解决方案，其最核心的部分是民心相通。因为中国在这方面有着历史经验和教训。我们国家长期处于地缘政治复杂，而且不是特别有利的周边环境中。但是，"一带一路"本身就是冲突与融合的典范。因为"一带一路"理念源自古丝绸之路。汉代以来，张骞和班超前仆后继，打通了这条历史的东西走廊。古丝路因战争而起，因文化而兴，最终促进了经济繁荣。因此，"一带一路"，从历史到现在，都是冲突的基础与和平的愿望达成文化的融合，最终促进了经济的繁荣，达成人类命运共同体共赢的目标。因此，"一带一路"是解决当前族群撕裂、地区冲突加剧的很好方案。

第三，畅通微循环，促进双循环在文化经济领域如何实现？

消费升级的一个重要方面是对精神文化产品和服务消费的升级。内需要更好拉动内外双循环，文化产品和服务必须跟上。从粗放型发展模式转型高质量发展，必须依靠文化增加与附加值。附加值从哪儿来？从高新技术来，也从文化附加上来。中国无论是国家还是企业，"走出去引进来"已经成为常态，中国要加大开放，扩大对外贸易，其中，文化的互信和融合非常关键。党的十九大报告提出，中国特色社会主义进入新时代，当前最主要的矛盾已经转化为人民日益增长的美好生活需要和不平衡不充分的发展之间的矛盾。人们普遍从吃饱吃好，到开始追求生活的品位和境界。文化在经济和消费中的比例和作用越来越突出。因此，我们要特别重视发挥文化在双循环过程中的作用。

2019 年有一部非常火爆的电影《哪吒之魔童降世》，票房从 1 亿元到 50 亿元。哪吒是中国传统神话人物，他的父亲是李靖，但是，追根溯源，他源自印度，据佛经记载，四大天王的多闻天王有五个儿子，三儿子就是哪吒，传说他曾经在亚穆纳河中杀死过一条叫 Naga 的龙。因此，唐朝哪吒还被视作外来神话人物。到了宋朝的《五灯会元》中开始添加了"割肉还母"等中国元素，明朝的《三教源流搜神大全》中，故事演绎得更加完整。明朝末年万历年间，有了封神榜，到清朝哪吒已经成为家喻户晓、耳熟能详的中国神话人物。电影正是基于封神演义塑造此人物。因此，"一带一路"一个很重要的核心，其实在于民族的也是世界的，包容的才是永久的。

这也说明了中国五千年文明史能够走到现在，我们不需宣誓"MADE CHINA AGAIN""CHINA FIRST"之类口号，但是，我们还是能够屹立于民族之林，因为我们是民族的，也是世界的和包容的。"一带一路"的"五通",其实每一个都是一种微循环。如果把"一带一路"在全球标注出来,不就是一个国内国际双循环的大愿景吗?因此,无论从哪个维度审视,"一带一路"都是突破当前全球治理困境的一个建设性解决方案。同时,无论对于打造国内国际双循环新格局,还是建设社会主义现代化强国都将夯实历史、文化与现实的根基。

第二节 北京冬奥与双循环

从2008年到2022年,北京实现了从夏季奥运到冬季奥运的跨越,也造就了全球唯一的一座"双奥城市"。这个14年的跨越,不仅仅是历史长河中的弹指一挥间,也体现了中国经济、中国科技和中国自信的提升。2008到2022,数字变化的背后,是中国经济从高速增长向高质量发展的跨越,是中国制造业从中国制造向中国智造的跨越,也是中国发展格局从"两头在外"向国际国内双循环新发展格局的跨越。在百年变局和世纪疫情的相互叠加中,从"更快、更高、更强"的奥运格言到"更团结"的跨越,北京冬奥会"一起向未来"的主题口号更是为进入新的动荡变革期的世界走出疫情困境,在未来共同实现世界经济复苏提供了中国方案。

一、经济高速增长到高质量发展的跨越

冬奥会代表的冰雪运动是一项颇具中产气息的运动，不仅需要经济实力的支撑，更需要消费水平的转型升级。

2008年到2022年，北京奥运会到北京冬奥会，中国经济总量跨越发展的14年。中国GDP从2008年的4.59万亿美元增长到17.7万亿美元，从占全球经济总量的7.2%上升到18.5%，从世界第三大经济体成长为第二大经济体。自2001年年底加入WTO以来，开放叠加改革的双引擎，助力中国经济高速增长，其中2003年第三季度到2008年第四季度的这5年时间，可以说是中国经济发展的"黄金时代"。中国人均GDP从1000美元，到2008年上升到3467美元。

2008年9月，全球金融危机全面爆发后，中国经济增速快速回落，出口出现负增长，经济面临硬着陆的风险。此后的几年，中国经济从两位数到个位数增长，从保8、保7到强调去产能，调结构，转型升级。2012年是中国经济具有标志性的年份，党的十八大召开，中国经济进入新时代，开启了从高速增长向高质量发展、从上中等到高收入水平、从快速富裕到共同富裕的进程。2021年中国正式宣布消除绝对贫困，向早日实现共同富裕目标发展。

从 2008 年到 2022 年，中国人均 GDP 从 3467 美元，快速增长到 1.21 万美元。2008 年，城镇居民人均可支配收入是 15781 元，到 2021 年，全国居民人均可支配收入 35128 元，城镇居民人均可支配收入 47412 元。

进入高质量发展阶段，人均 GDP 的大幅提高，意味着中国中产阶层基数不断扩大，中国经济一半以上均由国内消费驱动，中产群体正不断发展成为不可忽视的消费力量。以冰雪运动和冰雪出行为特点的冰雪经济是中国消费升级的缩影，2022 年北京冬奥会带动的冰雪运动热潮在引领消费升级方面正当其时。调查数据显示，在北京冬奥会的影响下，滑雪已经成为中国人日常运动的 TOP5，滑冰、滑雪已成为国民日常休闲活动的重要组成部分。

北京冬奥会带动了冰雪经济的发展，同时冰雪经济对高质量发展具有重要推动作用。冰雪经济涉及体育娱乐、配套服务、基础设施、装备设备、交通物流、文化旅游、食宿购物等行业，集聚大量资源，能产生更多创新创业机会和就业岗位。冰雪经济消费具有多样性和高关联度特征，有利于满足人们不断增长的美好生活需要，促进消费提质升级。

我们看到，进入 21 世纪以来，全世界的滑雪场数量都在下降，在冰雪运动发达的国家，滑雪场通过并购来阻止损失，冰雪度假小镇的卖房模式，被视为拯救滑雪场的盈利点。但在中国，冰雪运动自近十年来急速升温，这背后是党的十八大以来中国消费转型升级、中国经济高质量发展的必然产物。

二、从中国制造到中国智造的跨越

经济发展与科技进步，历来相辅相成，冬奥会上冰雪运动竞技水平的提升自然也离不开科技进步的助力。

从 2008 年到 2022 年，中国科技水平大幅提升，中国制造不断向中国智造发展，在体育器材、体育场馆、绿色低碳、人工智能等方面的科技进步，成为北京冬奥会成功举办的重要保障。

在冰雪运动装备领域，过去，冰雪运动装备市场份额小，多数还被国外品牌垄断，随着北京冬奥会不断升温，人们对专业运动装备的需求激增。如被称为"有舵雪橇"的雪车，在 1924 年第一届冬奥会时便已是正式比赛项目，但直到 2016 年，中国才成立了自己的雪车国家队。拥有自己的雪车，不仅关系到运动成绩，也是提升中国装备制造核心竞争力的要求。2019 年，科技部发布了第二批科技冬奥科研项目申报指南，其中就包括雪车装备的研发制造。中国航天科技集团一院 703 所和中国一汽集团联合技术攻关，703 所主要负责自主低风阻高可靠碳纤维车体及其他复合材料零部件的设计与制造，一汽集团主要负责雪车底盘、车架及其他金属零部件的设计与制造，突破冰雪运动装备"卡脖子"技术。"大国重器"与"小小雪车"的有机融合，正是中国大国制造业向高质量转型发展的最好缩影。

在体育竞赛服装领域，科学技术助力中国竞技水平提升。不仅仅是大国重器的国有企业在冬奥赛场提供科技助力，作为民营企业代表的安踏也在冬奥赛场的科技领域竞赛中大放异彩。作为北京冬奥会官方体育服装合作伙伴的安踏为冬奥会工作人员提供制服装备，并以科技比赛装备助力 12 支中国国家队。2 月 5 日，中国短道速滑队在短道混合团队接力赛中为中国队夺取首枚金牌，冬奥"冰上鲨鱼皮"战衣为中国军团以 0.016 秒的优势获得金牌立下汗马功劳。这 0.016 秒的优势正体现了中国在产学研机制上的高质量发展。安踏设计研发团队和北京服装学院科技团队共同合作，克服了在高新面料技术上国外对我国的技术封锁，解决了材料技术、运动动力学等方面的难题，通过风洞测试、环境模拟测试等手段的应用及数据分析，从设计、材料、版型、结构上对冬奥会比赛服进行了全方位的性能提升，为中国冰雪健儿提供了更具科技含量的战袍。

北京冬奥会上，中国冰雪健儿在欧美选手长期占据绝对优势的钢架雪车项目上取得了男子铜牌的历史性突破，民族品牌安踏提供了智能模拟仿真设计的冬奥钢架雪车鞋，采用仿生流体动力学的导流线降低壁面摩擦力53.5%，而鞋底异形曲面碳板科技材料使回弹力提升2%，整体降低风阻10%，这科技含量十足的"小战鞋"让运动员在起跑推进阶段最高提升达0.054秒。这些新材料、新科技的运用有力推动了中国高新面料技术的升级。

在体育竞赛器材和转播领域，用于此次赛事直播的超高速4K轨道摄像机系统，名为"猎豹"，是中央广播电视总台历时5年研发出来的一款特种摄像设备，其最高时速可达90千米，不仅能记录赛场上的每一个瞬间，同时还能让犯规无处隐藏、避免争议。在强大的科技研发保障下，此次冬奥会的所有转播，都是基于5G技术，用超高清8K技术；还有5G云转播、智慧指挥调度、"5G＋北斗"智能车联网、智慧医疗等应用。

在场馆绿色建设领域，科学技术突破为今后冰雪运动的普及打下基础。如北京冬奥体育馆"冰丝带"，采用了全冰面设计，多达1.2万平方米的亚洲最大冰面，采用了世界上最环保也是最先进的二氧化碳制冰技术。这种制冰技术，能有效控制冰面温差在0.5摄氏度内。而温差越小，冰面的硬度就越均匀，冰面便越平整，越有利于运动员创造佳绩。全冰面模式下，每年仅制冷部分就能节省200多万度电，相当于约120万棵树实现的碳减排量，整个制冷系统的碳排放趋近于零，为实现绿色、低碳奥运提供了科技助力。

此次北京冬奥会上，大量相关技术的突破与应用，是中国制造向中国智造转型的成果，为提升中国冰雪运动水平奠定了发展基础，也成为未来冰雪经济更大发展的基础保障。

三、从"两头在外"到双循环新发展格局的跨越

通过筹办和举办奥运会，带动国家、区域和主办城市经济发展，培育新的经济增长点，一直是奥运会的重要目的和功能。而随着中国经济进入高质量新发展阶段，从 2008 年北京奥运会到 2022 年北京冬奥会，中国发展从倚重"两头在外"的国际市场到以正在形成国内大循环为主体，国内国际双循环相互促进的新发展格局。以冬奥会带动冰雪经济，加快贯彻"冰天雪地也是金山银山"理念，推动双循环新发展格局也已经成为此次北京冬奥会的一大亮点。

从 2008 年到 2022 年，原来拉动经济发展的三驾马车出口、投资、消费的权重发生转变，2008 年 4 万亿那种大投资不会出现，投资能促进 GDP 上涨的作用比重会降低，出口拉动面临着世纪疫情所造成的产业链供应链断裂、外部环境日趋纷繁复杂和制造业转移的影响，内需消费已经成为拉动中国新时代经济

增长的主要驱动力。2014 年到 2019 年，消费曾连续 5 年成为我国经济的"头号马车"，但 2020 年的新冠肺炎疫情让消费遭遇重创，让出了经济第一拉动力的宝座。

国家统计局 2022 年 1 月公布的最新数据显示，2021 年我国社会消费品零售总额突破 40 万亿元大关，高达 44.1 万亿元，增长 12.5%，为全球第二大消费市场。其中，消费对经济增长的贡献达到 65.4%，重新成为中国经济增长的第一拉动力。同时充分利用好两个市场、两种资源，扩大对外开放，是中国经济保持健康发展的动力，2021 年，我国经济增长 8.1%，对世界经济增长的贡献率为 25% 左右，成为引领世界经济恢复的主要力量。

北京冬奥会带动了冰雪经济的高质量发展，冰雪消费成为 2021 年消费的亮点之一，而且持续升温。《2022 中国冰雪产业发展研究报告》数据显示，2021—2022 雪季，我国冰雪旅游人数达到了 3.12 亿人次，旅游收入达到 3900 亿元。冰雪运动、旅游消费增长的背后，是整体冰雪产业的日益繁荣。根据发改委、国家体育总局联合发布的《冰雪运动发展规划（2016—2025 年）》，2020 年冰雪产业总规模达到 6000 亿元，2025 年冰雪产业总规模将达到 10000 亿元。

冰雪消费国内化推动冰雪经济国内大循环。北京冬奥会极大带动了中国冰雪运动基础设施的建设。数据显示，到 2022

年，全国滑冰馆数量将不少于 650 座，滑雪场数量将达到 800 座。以前冬季飞欧洲、北美、日本滑雪的中国发烧友们，把目的地瞄准了国内，新疆、东北、崇礼的雪场逐渐成为他们的首选，国内雪场人次因此增加。2022 年春节期间，在飞猪上冰雪旅游商品订单量同比增长超 30%。吉林长白山、黑龙江亚布力等滑雪胜地的订单快速增长，广州、重庆、成都等地的室内滑雪场也成为热门去处。在"北雪南移"趋势下，广州进入春节假期旅行热门城市前五名，成为南方最火爆的冰雪运动城市。"带动三亿人参与冰雪运动"目标的实现，带动了中国冰雪体育产业、冰雪经济的发展，冰雪制造、冰雪服务、冰雪基础设施建设、冰雪科技、冰雪人才培养等产业链条逐步形成，冰雪资源正被不断盘活，北京冬奥会为中国整体经济发展注入的活力和动力不断彰显。冰雪经济国内大循环为主体的格局逐步形成。

冰雪经济兴起促进区域协调发展。2015 年北京申办冬奥成功以来，"不出山海关"的冰雪运动，大踏步"南展西扩东进"，实现全国覆盖、四季运营，冰雪产业的地位越来越重要。北京冬奥会带动冰雪经济成为东北经济振兴的重要产业，拥有独特冰雪资源的东北正在迎来冰雪经济发展的"黄金机遇期"，东北地区的冰天雪地正变成金山银山。东北多个城市瞄准冰雪，以打造产业高地为目标。吉林市主打"雾凇＋滑雪＋温泉"，长春市主打"冰雪雕塑＋滑雪"，哈尔滨持续完善冰雪大世界等品牌，辽宁也在形成冰雪全产业链条，为疫情冰雪经济恢复增长奠定基础。此外，随着体育运动市场化步伐加快，南方对冰雪运动专业指导的需求量激增，东北三省是传统冰雪体育强省，积极向外输出冰雪体育运动教练员、运动员，引进培训项目，开展冰雪项目合作、人才交流，不仅有力推动了国家"北冰南展、西扩东进"战略任务的实施，更提升了东北冰雪经济的融合发展。冰雪经济已成为东北地区经济新动能，有力推进区域协调发展。

国潮冰雪运动产品成长助力冰雪经济双循环格局。北京冬奥会上国产体育品牌抓住机遇提升科技力、创新力、产品力，国潮冰雪国货品牌打破了过去运动高端装备被海外垄断的局面，成为冰雪运动爱好者的首选。北京冬奥会上，国产体育品牌赞助了比利时、冰岛、乌克兰、新西兰、罗马尼亚等奥运代表团，数百名运动员、教练员和代表团工作人员身着国产品牌服装，中国元素在奥运舞台上得到更多展现的机会。国内冰雪经济的发展极大带动了国潮冰雪运动品牌的成长，成为国内冰雪运动爱好者的首选，促进国内冰雪运动厂家的大发展。同时，国产冰雪运动用品的品牌化，通过电商等渠道，越来越多被国际消费者认可。2022年1月6日，中国某跨境电商平台数据显示，2021年第四季度，中国滑雪用品海外销售额同比2020年增长超过60%，其中国产滑雪头盔海外销售额同步上涨了15倍。据了解，全球共有100个国家和地区的消费者在该跨境电商平台上购买了中国雪具。北至冰岛，南至智利，都有中国品牌的身影。

当前，世界百年未有之大变局加速演进，新冠肺炎疫情反复延宕，在如此复杂的环境下，中国政府保持战略定力，如期举办北京冬奥会，向全世界兑现了举行一场简约、安全、精彩的奥运盛会的承诺。从 2008 年的"同一个世界，同一个梦想"到 2022 年的"一起向未来"，14 年弹指一挥间，但是中国始终如一向世界传递强烈的信号，人类同乘一条命运与共之船，中国会坚定不移扩大开放，拥抱世界。同时，我们也要看到，仅仅靠一次北京冬奥会并不能解决制约中国经济和社会发展的问题，但成功的北京冬奥会必定会重塑疫情之下国际社会的信心。2008 年到 2022 年，奥运格言从"更快、更高、更强"到加上"更团结"，这也许正体现了在面对百年变局和世纪疫情相互叠加的全球性危机的惊涛骇浪时，全球各国只有"更团结"，摒弃冷战思维，共同应对挑战，"一起向未来"才能走出疫情困境，开启疫后经济复苏之路。

第七章 | "一带一路"与粮食安全

党的十八大以来，习近平总书记始终高度重视粮食安全问题，作出了一系列重要指示，"中国人的饭碗任何时候都要牢牢端在自己手上""牢牢把住粮食安全主动权，粮食生产年年要抓紧""粮食安全是国家安全的重要基础""保障国家粮食安全是一个永恒课题，任何时候这根弦都不能松"。在中国这样一个人口14亿多的大国，粮食安全要始终坚持以我为主，兼顾适度进口。随着"一带一路"建设的深入，农业成为合作的新领域，成为惠民生的切入点，同时也是打造中国粮食自身安全和全球粮食共同安全的有力抓手。

2022 年，人类发展指数 30 年来首次下降，世界新增 1 亿多贫困人口，近 8 亿人生活在饥饿之中，维护全球粮食安全已成为全球发展面临的突出议题。俄乌冲突导致贸易保护主义抬头，各主要粮食出口国开始实施包括出口限制和关闭市场在内的农产品贸易保护主义政策，导致全球粮食安全形势雪上加霜。从总体国家安全观角度看，要统筹发展和安全，经济安全是基础，粮食安全则是经济安全的底线。提升我国的粮食安全水平需要综合施政，在人均耕地面积上"开源节流"，提升农业科技成果转化率，通过"一带一路"建设探索建立国际粮食安全"命运共同体"，以双循环主动塑造于我有利的粮食安全环境。

第一节 统筹自身安全和共同安全
维护国家粮食安全

2022 年以来，受新冠肺炎疫情蔓延、极端天气频发、俄乌冲突等因素叠加影响，全球粮食产业链供应链遭受冲击，粮食贸易保护主义抬头，国际粮价持续飙升，全球粮食安全面临重大挑战。联合国报告显示，2022 年，人类发展指数 30 年来首次下降，各方对出现大规模粮食安全挑战的担忧不断上升，维护全球粮食安全已成为全球发展面临的突出议题，联合国 2030 年可持续发展议程粮食安全和减贫目标正面临严重冲击。

2022 年 2 月 22 日，《中共中央 国务院关于做好 2022 年全面推进乡村振兴重点工作的意见》（2022 年中央一号文件）发布，对 2022 年乡村振兴重点工作作出全面部署，继续将保障国家粮食安全问题摆在头等突出位置，将其作为全面推进乡村振兴的底线任务之一。在措施上坚持稳字当头、稳中求进，稳住农业基本盘、做好"三农"工作，确保农业稳产增产、农民稳步增收、农村稳定安宁，为保持平稳健康的经济环境、国泰民安的社会环境提供坚实有力的支撑。

同时，中国作为负责任的大国，切实将保障国家粮食自身安全和维护全球粮食共同安全统一起来，通过共建"一带一路"农业合作，聚焦以农业为重点的民生项目，与沿线国家共同为促进全球粮食安全，破解全球发展难题通力合作。

一、粮食安全问题是个什么问题

粮食安全问题是个离我们最近又离我们最远的问题。说离我们最近，所谓"民以食为天"，粮食问题就是人类生存的底线问题，是国家经济发展的底线问题，是社会维持稳定的底线问题，谁都不能、不会去否认；与此同时，粮食问题似乎又离我们很远。20 世纪 80 年代，我国已经基本解决了人民群众的温饱问题，"饿肚子"问题似乎早已离我们远去。而 2020 年，中国全面建成小康社会，顺利完成脱贫攻坚历史任务，我们愈加觉得，所谓"粮食安全"，仿佛已然是一个离大家生活相当遥远的概念。

然而，从事实情况看，全球的粮食安全问题仍然没有得到全面解决，而我国的粮食安全问题仍然值得重视，可以说，粮食安全问题是统筹安全和发展的底线。

二、怎么看粮食安全形势：全球的困境

从国际层面看，全球粮食安全赤字有增无减，全球濒临 50 年以来最严重的粮食危机。2022 年 5 月初，联合国粮农组织发布《2022 全球粮食危机报告》指出，由于气候变化、地区冲突和新冠肺炎疫情造成的经济冲击，2021 年有 53 个国家或地区约 1.93 亿人经历了粮食危机或粮食不安全程度进一步恶化，比 2020 年增加近 4000 万人，创历史新高。全球极端贫困人口从 2019 年的 8.12 亿上升至 2021 年的 8.89 亿，全球发展面临重大挑战。

尤其是新冠肺炎疫情暴发以来，究竟对全球粮食安全造成了多大影响？答案是：很大。而且这种影响总体上来说不是由于真正的供给不足，而是由于恐慌和"自闭"心态造成的。

联合国粮农组织 2022 年 6 月发布数据显示，2022—2023 年

度世界谷物产量预计为 27.84 亿吨，加上库存粮食，总供应量为 36.35 亿吨；同期，世界谷物消费量预计为 27.88 亿吨。从全球粮食总体供需关系看，全球粮食产能可以满足消费需求，粮食安全挑战主要来自粮食贸易和分配体系方面。全球粮食生产和出口高度集中，美国、欧盟、俄罗斯等 12 个粮食主产区生产和出口的粮食总量占全球的 70%，美国 ADM、邦吉、嘉吉和法国路易达孚四大粮商垄断了全球 80% 的贸易。

自新冠肺炎疫情暴发以来，全球范围内频频出现限制粮食出口的情况。俄乌冲突导致贸易保护主义抬头，各主要粮食出口国开始实施包括出口限制和关闭市场在内的农产品贸易保护主义政策，以保护本国粮食供应。截至 2022 年 5 月底，全球共有 20 多个国家实施了粮食出口限制。全球粮食供应链受到较大冲击，而那些严重依赖粮食进口的国家更是陷入了极大的被动。人为造成的粮食流通和供应受阻让依赖粮食进口的地区面临严峻考验。

三、粮食安全问题：三低一高

从我国国内层面看，我国粮食安全面临的主要痛点是"三低一高"，即规模化程度低、人均耕地面积低、人才储备数量低和特定作物和种子对外依存度过高。农业人工成本高，粮价调节潜力变小。

一是规模化程度低。我国小农户数量占农业经营主体的98%以上，粮农的户均规模仅7亩。规模化低使农业生产难以实现大型机械化，这让我国亩产成本、农业人工价格和粮食价格在国际竞争中处于劣势。

二是人均耕地面积低。随着城镇化的快速发展，大量土地用于支持城镇化和工业化，而务农效益差也导致大量农业人员进城务工，撂荒面积逐年增加，耕地流失严重。已耕种土地的复种指数减少，2019年全国复种指数为122%，比历史最高值下降了23个百分点，保持种粮面积压力大，我国人均耕地面积仅为世界平均水平的1/3。

三是农业人才和从业人员储备数量低。我国农业劳动强度大、工资低，缺少城市"五险一金"保障，农村教育、卫生、文化、体育与娱乐等生活设施严重滞后，难以吸引年轻人口务农，农业劳动力人口日益萎缩。农业真正的现代化需要优质人才储备，但目前社会中金融、计算机等学科的吸引力强于传统科学，农业大学吸引优质生源的能力不足，农业大学的学生缺乏实践知识，很少把去农村工作作为职业目标，农民也缺少应用技术的专业知识，农业科技人才后备乏力。

四是特定作物和种子对外依存度高。从粮食进口格局来看，据海关总署数据，2021 年我国累计进口粮食 16454 万吨，相当于我国粮食产量的 24％，其中大豆进口 9652 万吨，约占粮食进口总量的 58.7％。已故中国工程院院士、"杂交水稻之父"袁隆平对种子的重要性作出过如下表述："关键时候，一粒小小的种子能够绊倒一个巨大的国家；种业的安全关系到粮食的安全，也关系到国家的安全。"中国是粮食生产大国，也是种子需求大国，但中国种子产业的整体竞争力却不强。我国种业起步较晚，发展时间较短，直到 20 世纪 90 年代后期，才进行了实质性的商业化、市场化改革。世界上绝大多数种子供应已被美、法、德等西方国家种业公司垄断，孟山都、先锋等跨国种业巨头国际种业对中国市场的控制力也在逐渐增加。我国特定作物受贸易摩擦影响风险大，如大豆对外依存度高达 86％。

四、粮食与科技创新

党的十九届五中全会公报提出，坚持创新在我国现代化建设全局中的核心地位，把科技自立自强作为国家发展的战略支撑。

因此，需要将新科技的运作作为农业的新增长点，要加强"互联网＋"、大数据、云计算的运用。从国际上看，美国已经有大量科学家开始致力于农业领域的大数据研究，通过大数据了解不同地区的气象、病虫害等条件，对农民种植作物给予指导，这样的做法值得借鉴。

还要将培养农业人才摆在农业工作的关键位置。要保障粮食安全，人才是关键。要加大力度培养多层次农业科技人才。一方面要加强农业大学和农业技术人才的政策支持力度，让年轻科技人才能够长期扎根农村。将耕地保护作为农业工作的红线。强化监督管理，落实好最严格的耕地保护制度，坚决制止各类耕地"非农化"行为，坚决守住耕地红线。另一方面要培养农业科技领军人才，在人才政策上予以倾斜。

最关键的是将种子问题摆在农业工作的基础位置。有人将种子比喻成粮食的"芯片"，一旦断供断链将对粮食安全构成严重威胁。要加快构建中国特色现代种业体系，不断提高农业良种化水平，建设好中国传统优良种子库，提高育种技术，让好的种子实现增量商品化。要加速培育各粮食品种龙头种子企业，提高种子企业自主创新能力；加快培育具备国际竞争力的产业链一体化的龙头种子企业，提高各主粮品种种子行业集中度；改进种子企业与科研单位的合作模式，以种业终端市场需求为导向，促进科研成果转化为实际生产力。用科技力量解决育种问题，包括小麦、玉米、大豆等主要作物的育种是关键。

五、共建"一带一路"和粮食安全问题

面对粮食安全这一世界性难题，各国很难独善其身，唯有通力合作，才能战胜挑战。中国政府始终将共建"一带一路"和粮食安全、全球减贫有机结合，将农业和"小而美"项目作为共建"一带一路"优先项目，将民生放在首位，为全球减贫和粮食安全问题作出了突出贡献，切实在粮食安全问题上统筹自身安全和共同安全。

粮食安全问题一直是发展的底线，也是减贫问题的头等大事。从世界粮食不安全总人数的分布看，在 20 亿粮食不安全人口中，10.3 亿位于亚洲，6.75 亿位于非洲，大多处于"一带一路"沿线。"一带一路"倡议实施以来，始终将共建国家和地区开展农业合作作为重点方向，推动了共建国家的农业发展。截至 2021 年年底，中国已经与 171 个国家和国际组织签署了205 份共建"一带一路"合作文件，与 86 个沿线共建国家签署了农渔业合作协议，与其中一半以上的国家就农业合作建立了稳定的工作机制。

"一带一路"倡议实施以来，累计投资的农业项目已经超过820 个，投资存量超过 170 亿美元，仅 2020 年中国与"一带

一路"共建国家的农业贸易总额就达到 957.9 亿美元。截至
2021 年年底，中国已向全球 40 多个国家和地区派出了近
1100 名农业专家和技术员，占联合国粮农组织南南合作国别数
量的 47%，占南南合作派出总人数的 60%。这些人员大部分被
派往"一带一路"沿线国家，促进了相关国家的农业生产发展。
在"一带一路"沿线搭建的农业合作交流平台，促进了沿线农业
合作和对外农业援助，在农业技术、农业物资等方面提供的大
量支持，直接促进了沿线国家和地区农业生产抗自然灾害能力
和稳产高产能力。

六、粮食问题也需要统筹安全和发展

面对不稳定不平衡的国内外环境，保障粮食安全要怎么办。
2021 年年底召开的中央农村工作会议继续将粮食安全问题摆在
突出重要位置，要求坚持稳字当头、稳中求进，稳住农业基本
盘。当前，世界经济形势仍然复杂严峻，复苏不稳定不平衡，
疫情、地缘冲突导致的各类衍生风险不容忽视，粮食安全就是
重大衍生性风险之一，从总体国家安全观角度看，要统筹安全
和发展，经济安全是基础，粮食安全则是经济安全的底线。提
升我国的粮食安全水平需要综合施政，在人均耕地面积上"开源

节流"，提升农业科技成果转化率，通过"一带一路"建设探索建立国际粮食安全"命运共同体"，以双循环主动塑造于我有利的粮食安全环境。

特别应该指出的是，在粮食安全问题上，我国恐怕还存在着科技转化率低的问题，这需要相关政策的进一步配合。在农业育种的问题上，各界人士和社会各领域存在许多不同的解读和误读，但通过调研，一些科研人员认为我国在一些新育种技术上有领先地位，却因为种种原因，还难以推广。希望有关部门本着科学精神，尽快在中央精神的指导下，在粮食领域提高科技成果转化率，更好更优地维护我粮食安全。

当然，粮食问题始终是人类的问题，以双循环主动构建"粮食安全命运共同体"亦是未来方向。我国应将农业合作作为"一带一路"建设的优先发展方向，在沿线国家建立合作机制，从政策、技术、综合角度采取提升共同体粮食安全的措施，确保沿线国家粮食安全的水平。在此基础上，我国可先与友好国家建立海外10亿亩耕地或1.5亿吨粮食的多元、长期海外"供应链"，通过合作开发、长期租用、期货等多种途径进行经营，确保我国拥有人均稳定进口粮食70千克～100千克的能力和基础。要以"一带一路"沿线国家和地区为重点，积极发展粮食国际贸易，促进粮食进口来源、渠道和结构多元化。发挥资金融通作用，通过银行和基金在"一带一路"沿线国家给予农业合作更多支持，在劳工使用和进出口配额等问题上进一步磋商，增强政策协同。支持更多有实力的粮食企业走出去，在沿线国家大力推广绿色农业，实现优势互补、合作共赢。

有人类以来，粮食安全就围绕、贯穿着人类的历史。人类大规模摆脱"饥荒"这个概念的时间并不算久远，到如今，这也仍然是个不能忽视的问题。

当然，在新时代，粮食安全问题也有了新内涵，比如，需求端从吃得饱到吃得好到节约粮食的"光盘行动"，供给端从"锄禾日当午"到机械化程度日益升高、甚至与人工智能等相结合。如今，再也没有"四海无闲田，农夫犹饿死"，但我们仍应当牢牢记住"谁知盘中餐，粒粒皆辛苦"，时刻重视粮食安全问题。

第二节 强化金融手段
夯实国家粮食安全的根基

2020 年，对各国而言，都是会被写入历史的不平凡的一年。这一年刚刚开始，新冠肺炎疫情便暴发并肆虐全球，几乎导致全球"停摆"，整个世界的经济活动也因此陷入了历史罕见的停滞中。百年未有之大变局叠加百年疫情让全球粮食安全问题进一步突出，全球粮食安全赤字有增无减。面对国内外复杂形势，以习近平同志为核心的党中央始终高度重视粮食安全，把解决好 14 亿中国人的吃饭问题作为治国理政的头等大事来抓，特别是 2020 年年底的中央经济工作会议和中央农村工作会议再次把粮食安全的重要性提高到前所未有的高度。金融作为现代经济的血脉，是中国现代国家治理体系的重要组成部分，也是夯实国家粮食安全的重要保障。

一、中国粮食安全面临的国内外形势

（一）从国际层面看，疫情加剧全球粮食安全危机，全球粮食安全赤字有增无减

一是全球粮食安全形势严峻。新冠肺炎疫情全球蔓延，全球感染者已超过 8000 万，全球濒临 50 年以来最严重的粮食危机。国际粮食市场出现较大波动，加之蝗虫灾害、极端天气等因素影响，全球粮食安全形势越发严峻。《世界粮食安全和营养状况》报告提到，2019 年，全球近 6.9 亿人处于饥饿状态，与 2018 年相比增加 1000 万，与 5 年前相比增加近 6000 万。2020 年，全球新增约 1 亿饥饿人口。世界银行的报告显示，到 2021 年因新冠肺炎疫情导致新增极端贫困人口 1.5 亿人。

二是全球粮食供需矛盾突出。全球各国因疫情管控而采取的封锁措施造成粮食国际贸易需求疲软，出口货运受到干扰，

影响了粮食流通效率，造成非洲等局部国家和地区粮食供应链受到严重冲击，一些西方国家因封城等措施导致抢购囤积粮食，出现了粮价攀升与部分国家粮食供应短缺问题。

三是保护主义抬头引发粮食供应链安全。根据联合国粮农组织报告，当前全球粮食供给较为充足，2019至2020年度世界粮食（不包含大豆）供给量为34.7亿吨，总需求量为26.7亿吨，期末库存近8亿吨，库存消费比近30％。但是新冠肺炎疫情以来，俄罗斯、越南、埃及、印度、吉尔吉斯斯坦等多个国家限制甚至停止粮食出口，或对粮食出口加征出口税，全球粮食供应链受到较大冲击，而那些严重依赖粮食进口的国家更是陷入了极大的被动。人为造成的粮食流通和供应受阻让依赖粮食进口的地区面临严峻考验。

（二）从中国国内层面看，粮食安全成就举世瞩目，但风险不容忽视

我国高度重视粮食安全问题，自新中国成立以来，我国粮食安全取得了举世瞩目的成就，彻底告别饥饿，粮食数量不足基本解决，质量不高成为主要矛盾。综合机械化水平超过95％，基本告别耕地靠牛的历史。2019年全国粮食产量创历史新高，达到13277亿斤，连续5年稳定在1.3万亿斤水平以上，稻谷、小麦自给率超过100％，玉米自给率多年稳定在95％以上。特别是2021年在遭遇新冠肺炎疫情的情况下，夏粮再获丰收，产

量达到 2856 亿斤，创历史新高，比上年增加 24.2 亿斤；早稻种植面积比上年增加 470 万亩，扭转了连续 7 年下滑态势。粮食连年丰收，为我国应对风险挑战、稳定经济社会大局发挥了"压舱石""稳定器"作用。特别是 2020 年，我国决胜脱贫攻坚，彻底告别了"绝对贫困"，贫困县全部摘帽，贫困人口全部脱贫。

尽管如此，我们也要看到，疫情和中美博弈下我国粮食安全仍然面临着一些风险因素，主要体现在"四低一高"，即粮食自给率低、规模化程度低、人均耕地面积低、人才储备数量低和种子对外依存度高。

二、当前维护国家粮食安全的主要任务

2020 年 12 月召开的中央经济工作会议和中央农村工作会议都将粮食安全提高到了前所未有的高度。综观中央两大会议提到的粮食安全问题，主要聚焦以下几个任务：

一是种子问题。有人将种子比喻成粮食的"芯片"，一旦断供断链将对粮食安全构成严重威胁。中央经济工作会议明确了 2021 年中国经济八大重点任务，其中关于农业部分是重点解决好种子和耕地问题，这也是近几年在中央经济工作会议上首次提到种子问题。强调要加强种质资源保护和利用，加强种子库建设。

提出要尊重科学、严格监管，有序推进生物育种产业化应用。

二是耕地问题。中央经济工作会议提出，要保障粮食安全，重点在于落实藏粮于地战略。要牢牢守住 18 亿亩耕地红线，坚决遏制耕地"非农化"、防止"非粮化"，规范耕地占补平衡。要建设国家粮食安全产业带，加强高标准农田建设，加强农田水利建设，实施国家黑土地保护工程。中央农村工作会议提出，要严防死守 18 亿亩耕地红线，采取长牙齿的硬措施，落实最严格的耕地保护制度。要建设高标准农田，真正实现旱涝保收、高产稳产。要把黑土地保护作为一件大事来抓，把黑土地用好养好。

三是农业科技创新。中央经济工作会议提出保障粮食安全，关键在于落实藏粮于技战略。特别强调要开展种源"卡脖子"技术攻关，立志打一场种业翻身仗。中央农村工作会议提出，要坚持农业科技自立自强，加快推进农业关键核心技术攻关。

四是农业走出去。要构建以国内大循环为主，国内国际双循环相互促进的新发展格局，大力推动农业走出去。

三、强化金融手段维护和塑造粮食安全的路径

"手中有粮，心中不慌"，在"十四五"的开局之年，将粮食安全问题放在经济工作和农村工作的重要位置，是基于疫情变

化和外部环境存在诸多不确定性的客观事实，具体贯彻落实党的十九届五中全会关于粮食安全的举措，体现了粮食安全在国家经济安全中的基础性地位。中央经济工作会议指出，"疫情变化和外部环境存在诸多不确定性，我国经济恢复基础尚不牢固。明年世界经济形势仍然复杂严峻，复苏不稳定不平衡，疫情冲击导致的各类衍生风险不容忽视"。粮食安全就是疫情冲击重大衍生性风险之一，从总体国家安全观角度看，要统筹安全和发展，经济安全是基础，粮食安全则是经济安全的底线。如何利用金融手段，夯实国家粮食安全的根基，是防范化解重大风险的重要组成部分。根据当前一个阶段国家粮食安全的任务，需要在金融方面综合施策，用金融育"种"、用金融护"土"、用金融兴"技"、用金融留"才"、用金融固"链"、用金融构建"粮食安全命运共同体"，共同维护和塑造中国的粮食安全，夯实国家粮食安全的根基。

（一）用金融育"种"。一是培育领军种业企业。加快培育具备国际竞争力的产业链一体化的龙头种子企业，提高各主粮品种种子行业集中度。利用财政税收、金融资本等扶持政策，对接国家和地方层面的农业基金，加强国家政策性银行和商业银行资本投入，鼓励优势种子企业兼并重组，整合资源，推动科研人员向企业流动。二是建立种子企业市场化融资渠道。简化种子企业 IPO 程序，适时推出科技种子企业 IPO 绿色通道，支持骨干种子企业借助资本市场做大做强。三是服务中小种子企业和种植户。破解小型种子企业融资难融资贵问题。对获得新品种保护权的种子品种，在财政补贴、信贷风险补偿和专项贷款等方面给予重点扶持。根据种苗生产培育过程复杂、质量控制难度大的现状，利用"银行＋种子公司＋种植户"风险分担融资模式，在提供大量资金支持的同时，降低了企业生产加工环节存在的风险。健全农村金融服务体系，针对种子企业大力发展相关的农业保险。

（二）用金融护"土"。一是设立专项基金支持综合治理。可设立国家级黑土地综合治理基金，发挥基金的引领性与保障性基本功能，可采取中央预算分期拨付、地方财政分期专项安排作为启动性或资本性投入，引领包括银行在内的社会性资金投入，并可作为风险补偿和续作还款资金来源。二是引导金融机构支持耕地治理项目。根据国家耕地保护规划，对于重点综合治理项目，在明确合法借款主体与还款资金来源的前提下，银行贷款可与治理基金交融运用，以综合治理后土地的增值性收益作为还款资金来源。三是利用金融手段促进农业升级。金融机构重点支持基于集约化经营的土地流转与并购中的融资安排、大型农场的种植业生产、公司＋农户的农产品产业链发展、种植企业或重点农户的大型农业机具购置等，从而使耕地种植、轮作、复垦、养护、治理集约化经营方式得到必要的融资保障与金融支持。四是利用金融手段治理水土流失。金融机构可以加强对耕地水利工程项目、农田基本设施建设、防护林耕种的资金支持,堵住水土流失现象恶化的源头;将是否具有生态环境保护意识和水土保持措施作为遴选城市化建设合作伙伴的重要标准,引导水土保持成为项目开发的新风尚。

(三)用金融兴"技"。一是增加对农业科技贷款投入,大力支持高新技术在粮食生产领域的推广和应用,促进我国粮食生产科技含量的不断提高。二是丰富农业科技贷款种类,重点支持科技部门和企业开发优质高产新品种、推广生产新技术,提高产品科技含量。要大力支持扩大优质产品生产规模的项目,促进粮食产量提高。

(四)用金融留"才"。保障粮食安全,人才是关键,将培养农业人才摆在农业工作的关键位置。通过建立专门的扶持基金,加大力度培养多层次农业科技人才。一方面要加强农业大学和农业技术人才的金融政策支持力度,让年轻科技人才能够长期扎根农村。另一方面要努力培养农业科技领军人才,利用金融手段在人才政策上予以倾斜。

(五)用金融固"链"。用金融手段稳固粮食供应链安全。在国内层面,通过专项基金和贷款政策,积极支持粮食储备,做好粮食收购信贷资金供应工作,增强国家对粮食市场的宏观调控能力。在国际层面,要发挥政策性金融作用,以主要产粮国家和地区为重点，积极发展粮食国际贸易，促进粮食进口来源、渠道和结构多元化，确保粮食国际供应链安全。

（六）用金融构建"粮食安全命运共同体"。要将农业合作作为"一带一路"建设的优先发展方向，从维护粮食安全向主动塑造粮食安全转变。一是在沿线国家建立农业合作资金融通机制，从政策、技术、综合角度确保沿线国家粮食安全的水平，实现"一带一路"粮食共同安全。二是在此基础上，通过国际多边金融机构、政策性银行等金融支持，加强与沿线农业重点国家的合作，促进沿线国家的粮食安全。三是在"一带一路"沿线粮食安全高危国家的项目上，优先向绿色农业、生态农业等绿色项目倾斜，积极推动"一带一路"的绿色发展。四是通过银行和基金在"一带一路"沿线国家给予农业合作更多支持，支持更多有实力的中国粮食企业走出去，培养具有国际影响力的中国粮食国际性企业，为塑造国际粮食共同安全贡献中国力量。五是主动塑造粮食安全需要提高国际粮食价格市场的话语权。要进一步促进中国郑州和大连商品交易所农产品期货市场发展，在做大交易量的基础上，重点加强国际农产品信息数据国际话语权，为世界粮食市场定价提供权威数据，提高中国在国际农产品定价体系中的地位，提高中国在国际贸易中的主动性，为主动塑造国家粮食安全和国际粮食共同安全作出更大的贡献。

第八章 | "一带一路"的风险和应对策略

习近平总书记在第三次"一带一路"建设座谈会上指出,要正确认识和把握共建"一带一路"面临的新形势。总体上看,和平与发展的时代主题没有改变,经济全球化大方向没有改变,国际格局发展战略态势对我有利,共建"一带一路"仍面临重要机遇。同时,世界百年未有之大变局正加速演变,新一轮科技革命和产业变革带来的激烈竞争前所未有,气候变化、疫情防控等全球性问题对人类社会带来的影响前所未有,共建"一带一路"国际环境日趋复杂。要全面强化风险防控。

习近平总书记对"一带一路"建设的风险

高度重视。2022年，共建"一带一路"机遇和挑战并存，但风险因素明显上升。从国际看，全球正在遭受第二次世界大战结束以来最严重的经济衰退，各大经济板块历史上首次同时遭受重创，全球粮食安全、能源安全形势不容乐观。疫情导致产业链供应链危机，美国不遗余力拉小圈子遏制中国，沿线国家政治动荡风险上升。从国内看，中国经济发展也面临多年未见的需求收缩、供给冲击、预期转弱三重压力，共建"一带一路"国内的困难因素明显上升。

在共建"一带一路"的过程中，风险时刻与机遇相伴，认识风险、重视风险，是为了化解风险，抓住机遇。本章分别从防控风险、五个统筹、2022年推进"一带一路"建设的角度，阐述了按照五个统筹推进共建"一带一路"、防范化解共建"一带一路"风险和把握稳字当头的总基调，既要对共建"一带一路"保持战略定力，坚定信心，又要立足底线思维，有效防范化解风险，将"一带一路"打造成造福世界的"发展带"、惠及各国人民的"幸福路"，推进共建"一带一路"行稳致远。

第一节 "一带一路"的风险挑战

当前，百年变局和世纪疫情相互叠加，国际形势日趋复杂，共建"一带一路"面临的挑战增多。习近平总书记在第三次"一带一路"建设座谈会上强调共建"一带一路"要扎牢风险防控网络，全面强化风险防控。习近平总书记关于共建"一带一路"中的风险防控重要论述，是在全面分析新形势的基础上，从统筹发展和安全的角度，对共建"一带一路"面临的风险作出的正确判断，对化解风险提出的明确要求，对推进共建"一带一路"行稳致远具有重要指导意义。

一、共建"一带一路"国际形势面临的五大风险

全球经济复苏风险。当前，全球正在遭受第二次世界大战结束以来最严重的经济衰退，各大经济板块历史上首次同时遭受重创。联合国最新发布的《2022年世界经济形势与展望》报告显示，由于新一轮新冠肺炎疫情，劳动力市场挑战不断，供应链问题得不到解决，加上通胀压力增加，全球经济复苏正面临巨大的阻力。报告预测，继2021年经济增长5.5％后，2022年全球产值预计将仅增长4.0％，2023年将增长3.5％。世界银行发布的《全球经济展望》报告同样预计全球经济增长将显著放缓，它预测的2022年经济增长为4.1％，2023年为3.2％。世界经济复苏势头仍然很不稳定，前景存在很大不确定性。

中美关系不确定性风险。拜登上台执政后，处理中美关系

的主基调是"战略竞争",并一直以"进攻姿态"针对中国或其他对美国利益"构成威胁"的国家。种种迹象显示,拜登政府对"一带一路"遏制将转为重点打"规则牌""盟友牌""精准脱钩牌"。2021年,美国拉拢西方盟友在G7峰会推出所谓的"重建更好世界"战略,将遏制"一带一路"作为目标,提供所谓的"一带一路"替代方案。2022年2月11日,拜登政府发布执政以来的首份所谓的"印太战略报告",拉拢盟友,试图构建封闭的结盟体系围堵遏制中国,以维护霸权、重振美国在亚太甚至全球的影响力。2022年,随着美国进入中期选举年,美国政客为了拼选举可能进一步操弄包括"一带一路"在内的中国议题,中美关系不确定性增强。

沿线国家政局动荡风险。百年疫情加剧了"一带一路"沿线国家地缘冲突和政治动荡的风险,美国在世界范围内推行霸权政治,新老热点问题快速升温。近期,俄乌冲突引发世界政治经济形势剧烈震荡,阿富汗局势混乱胶着,中亚"颜色革命"卷土重来,伊朗牵动地区紧张局势,缅甸抗议示威频发,加之疫情和经济复苏的不确定性,沿线国家的政局动荡和对外政策极端化趋势将会继续凸显。这也同时推升了恐怖主义的风险,东南亚、南亚、中亚、中东等共建"一带一路"重点区域的安全风险上升。

沿线国家政府债务可持续风险。在疫情影响下,不管是发达国家还是新兴市场国家，由于疫情和外部环境的不确定性，经济复苏前景存在更大的不确定性。大部分国家偿还债务能力削弱，政府债务水平都在历史高位上运行。相关数据显示，2020年，中低收入国家的平均总债务负担与国内生产总值之比增加了9%，而此前几十年的平均增幅仅为 1.9%。此外，53%的低收入国家面临高债务风险，高债务将不可避免冲击疫后的投资。

产业链供应链断裂风险。一方面，疫情造成的封锁和阻隔对供给和需求两端同时造成巨大冲击。为遏制疫情采取的大隔离、大封锁，导致全球产业链供应链断裂、受阻，由于物流不畅、劳动力短缺、经济政策不同步加剧了全球产业链供应链的紧张。另一方面，政治因素加剧产业链供应链风险。拜登政府正加快聚焦"供应链合作、出口管制、人工智能（AI）标准"三大方面，与所谓的"志同道合的伙伴"建立一个将中国排除在外的"半导体产业联盟"，编织一个"封锁网"，构建排华的"小圈子"，威胁"一带一路"产业链供应链安全。2022 年 2 月以来，俄乌冲突急剧升级，美西方国家对俄罗斯制裁不断"加码"，国际能源价格、国际粮食价格不断攀升，国际资本市场剧烈震荡，供应链面临断裂断供风险。此外，西方国家以气候变化和碳边境税调节机制等为抓手加紧对我施压，影响我"一带一路"产能合作和能源发展项目，人为制造政策性风险。

二、化解共建"一带一路"国际风险的思路

习近平总书记在第三次"一带一路"座谈会上强调，世界百年未有之大变局正加速演变，新一轮科技革命和产业变革带来的激烈竞争前所未有，气候变化、疫情防控等全球性问题对人类社会带来的影响前所未有，共建"一带一路"国际环境日趋复杂。这个重要论述着重强调了国际环境的复杂性，充分体现了中央对共建"一带一路"风险前所未有的重视。

当前，共建"一带一路"不仅面临诸多国际环境面的风险，在国内，2022 年中国经济发展也面临多年未见的需求收缩、供给冲击、预期转弱三重压力。因此，要有效化解共建"一带一路"风险，要正确认识和把握我国发展内外环境发生的深刻变化，在方法上，要以习近平总体国家安全观为指导，统筹发展和安全，在目标上，要坚持"稳字当头、稳中求进"。

化解共建"一带一路"存在的风险要坚持统筹发展和安全，这是习近平总书记强调共建"一带一路""五个统筹"中的首位，充分体现了党中央对管控"一带一路"风险的高度重视。在实践中，要正确认识共建"一带一路"中发展和安全的辩证统一关系。既要深刻认识到和平与发展的时代主题没有变，经济全球化的

大方向没有变，共建"一带一路"仍面临着重要机遇，进一步坚定推进共建"一带一路"的决心和信心；又要强化底线思维，深刻认识共建"一带一路"面临的风险和挑战，全面强化风险防控。

具体而言，一是坚持安全是发展的前提。当前国际形势错综复杂，人类社会面临气候变化、疫情防控等巨大挑战，共建"一带一路"国际环境日趋复杂。特别是发展中国家在疫情冲击下，在政治、经济、社会、安全等方面出现了一系列问题，国家治理面临新挑战，导致地区冲突不断、政权更迭频繁、恐怖主义滋生等安全问题逐渐凸显。在这种形势下，要对"一带一路"项目进行安全、政治、经济、债务、生态等方面的综合评估，落实风险防控制度，加强海外项目安保投入，全面提升企业抗风险和危机应对能力。二是坚持发展是安全的保障。发展成为各国的最大公约数，共建"一带一路"已成为各国团结应对挑战的合作之路，促进经济社会恢复的复苏之路，释放发展潜力的增长之路。共建"一带一路"做得越好，"一带一路"的安全就会获得越好的保障。

2022年《政府工作报告》强调，在坚持稳中求进的总基调基础上，突出"稳中当头"，将稳提升到前所未有的高度。在共建"一带一路"面临风险挑战明显上升的背景下，实现推进共建"一带一路"高质量发展，在目标上更要坚持"稳字当头、稳中求进"。

做到共建"一带一路"的"稳"字，要强调稳是前提，稳是重点，将风险管控贯穿共建"一带一路"的全过程，具体而言：一是更加注重预防风险，把强化风险防控和国内经济平稳放在首位；二是更加聚焦重点领域和重点区域，不盲目追求合作国家数字的增加；三是更加注重既有存量项目的落实落地，不盲目追求合作项目的扩张；四是更加注重遵循市场规律、商业规则和国际通行的做法，提高共建"一带一路"的市场化水平；五是更加注重对接国际标准，包括一些区域性的重要国家的战略规划，有效提升共建"一带一路"的国际化水平。

做到共建"一带一路"的"进"字，要强调进是在稳前提下的进，并非绝对数字上的进，而是推进高质量发展的进。具体而言：一是要以服务新发展格局为前提；二是要开拓新领域，大力推进与沿线国家疫苗合作、卫生医疗、生物医药等领域的合作；三是要注入新动力，大力推进"数字丝绸之路"和"绿色丝绸之路"建设，推进长远增量项目的方向定位；四是以高标准、可持续、惠民生为目标，推进标志性工程和"小而美"项目。充分发挥企业主体作用，打造标志性工程。加快推进农业生产、加工制造、资源循环利用、公共卫生等领域的"小而美"项目。

三、扎牢共建"一带一路"风险防控网络

扎牢共建"一带一路"风险防控网络，要全面强化风险防控。

这里的"全面强化"包括两层含义,第一层面是风险防控主体的全面;第二层面是风险防控措施的全面。

从风险防控主体看,要区分中国政府、共建国家和企业主体的风险防控责任。一是区分政府与企业的风险防控责任。强调"一带一路"建设是以市场需求为导向,遵循商业规则、政府推动、企业为主体,这是中国政府对"一带一路"的指导性原则。实际上,中国共建"一带一路"95%以上的项目是市场化项目,政府管理部门在风险防控上要履行管理、指导和监督责任,企业在风险防控方面要切实履行主体责任。二是要处理好中国的国家利益与共建国家风险防控责任的关系。双方要责任共担、合作共赢,基于可持续发展推进共建"一带一路"。

从风险防控措施看,一是要探索建立境外项目风险的全天候预警评估综合服务平台。该平台必须坚持国家主导,在发挥外交、商务、国家发改委、人民银行等国家主管部门合力的基础上,充分发挥高校、研究机构、智库和企业的作用,及时对沿线国家安全形势、经济风险、项目风险等进行定期评估,及时发布预警信息。二是要加强海外利益保护、国际反恐、安全保障等机制的协同协作。必须坚持党的绝对领导为基础,以国家力量为主体,与共建国家加强协作,建立相关协作机制,压实共建国家在维护我海外利益安全方面的主体责任。三是要推动中国安保公司走出去。在中国国际化企业由大向强发展过程

中，必须遵循市场规律，以安全为前提，走国际化、本土化和
职业化道路。国际化就是要配备国际标准的安保力量，本土化
就是要打造符合本土特色的安保体系，职业化就是要由专门职
业技术人员保障安全。要按照开拓国际市场的规律，做到企业
延伸到哪里，海外安保力量就提前部署到哪里。四是要发挥金
融保险机构协同效益。银行保险机构发挥好信贷基金、债券、
保险等金融工具的作用，在风险可控、商业可持续的前提下，
按照市场化法制化的原则，充分利用金融、科技赋能传统保险
业务和银行业务发展，提高服务能力和水平。加强银企合作，
共同防范项目的环境和社会的风险问题。推进绿色金融的互利
合作，开创环境、气候、风险管理有效方法。五是要统筹推进
疫情防控和共建"一带一路"合作。要坚持人民至上、生命至上，
把人民生命健康放在第一位，一方面加快推进"春苗行动"，加
快加强针的接种进度，切实保护海外中国企业员工的生命健康，
指导中资企业加强防疫和确诊人员救治，支持中资企业用好人
员往来"快捷通道"和货物流通"绿色通道"，多措并举保障境外
项目建设生产。突出防控措施的精准性，着力保障用工需求、
人员倒班回国、物资供应、资金支持等。另一方面，加强与共
建国家疫苗合作，提升共建国家人民的接种率，有效遏制疫情
蔓延，建设"健康丝绸之路"。六是要强化"一带一路"海外投资
等领域廉洁风险防控。规范企业经营行为，遵守当地法律法规，

加快形成系统完备的反腐败涉外法律法规体系，加大跨境腐败治理力度。要推进"一带一路"廉洁建设，落实廉洁丝绸之路北京倡议，强化对海外投资经营等领域廉洁风险防控，探索标本兼治有效办法，一体推进追逃防逃追赃，推动重点个案攻坚，持续开展"天网行动"。

在共建"一带一路"的过程中，风险时刻与机遇相伴，认识风险、重视风险，是为了化解风险，抓住机遇。习近平总书记指出，和平与发展的时代主题没有改变，经济全球化大方向没有改变，国际格局发展战略态势对我有利，共建"一带一路"仍面临重要机遇。因此，只有树立底线思维，增强忧患意识，主动防范和化解共建"一带一路"中的风险挑战，才能不断在危机中育新机，变局中开新局，推动共建"一带一路"行稳致远。

第二节　以"五个统筹"推动共建"一带一路"

习近平总书记在出席第三次"一带一路"建设座谈会时发表重要讲话，深刻分析当前"一带一路"建设面临的新形势，提出坚定不移推动共建"一带一路"应当落实好"五个统筹"，即统筹发展和安全、统筹国内和国际、统筹合作和斗争、统筹存量和增量、统筹整体和重点。"五个统筹"站在两个大局的高度，运用马克思主义辩证法和方法论，体现了总体国家安全观的思维，为新时代推进共建"一带一路"工作提供了根本遵循。

统筹发展和安全，要正确认识共建"一带一路"中发展和安全的辩证统一关系。我们既要深刻认识到和平与发展的时代主题没有变，经济全球化的大方向没有变，共建"一带一路"仍面临着重要机遇，进一步坚定推进共建"一带一路"的决心和信心；又要强化底线思维，深刻认识共建"一带一路"面临的风险和挑战，全面强化风险防控。

具体而言，一是坚持安全是发展的前提。当前国际形势错综复杂，人类社会面临气候变化、疫情防控等巨大挑战，共建"一带一路"国际环境日趋复杂。特别是发展中国家在疫情冲击下，在政治、经济、社会、安全等方面出现了一系列问题，国家治理面临新挑战，导致地区冲突不断、政权更迭频繁、恐怖主义滋生等安全问题逐渐凸显。在这种形势下，要对"一带一路"项目进行安全、政治、经济、债务、生态等方面的综合评估，落实风险防控制度，加强海外项目安保投入，全面提升企业抗风险和危机应对能力。二是坚持发展是安全的保障。全球经济走过困难重重的2020年，在不确定性不稳定性并存的现实中迎来了经济复苏的曙光，发展成为各国的最大公约数。共建"一带一路"已成为各国团结应对挑战的合作之路，促进经济社会恢复的复苏之路，释放发展潜力的增长之路。共建"一带一路"做得越好，"一带一路"的安全就会获得越好的保障。

统筹国内和国际，要从国内和国际两个维度出发，处理好新发展格局和共建"一带一路"的辩证关系。"十四五"期间，我国仍处于重要的战略机遇期，但机遇和挑战都有新的变化。从国际看，不稳定性和不确定性明显增加。从国内看，我国已转向高质量发展阶段，继续发展具有多方面优势和条件，同时我国发展的不平衡不充分问题依然突出，重点领域关键环节的改革任务依然繁重，创新能力不能适应高质量发展要求。

共建"一带一路"基础在国内。中国作为世界市场不断加大对全球开放，继续和世界分享中国市场机遇，作为世界工厂继续为世界提供中国制造、中国创造。以国内大循环为主体，为"一带一路"沿线国家提供了更多市场机遇、投资机遇、增长机遇。要利用好"一带一路"业已形成的开放网络优势和物流大通道格局，立足我国超大规模市场优势，提升吸引全球资源要素的能力，把强大的内需优势转化为竞争发展优势。

共建"一带一路"重心在国际。"十四五"期间，根据当前国际形势的深刻变化，中国提出形成国内国际双循环相互促进的新发展格局。因此，要更好发挥"一带一路"内外联通优势，使其在推动国内国际双循环中起到助推器和加速器的作用。要通过"一带一路"优化市场资源配置，精准对接供给需求，使之成为全球资源配置的强大推动力。要以国际循环提升国内循环的效率和水平，提升我国生产要素质量和配置水平，推动我国产业转型升级。

统筹合作和斗争，要从大局出发，处理好共建"一带一路"过程中的合作和斗争的辩证统一关系，在坚持合作共赢的基础上，面对外部的打压，不畏斗争，以斗争求合作。一段时间以来，美国采取的对华政策致使中美关系遭遇严重困难，美国试图在国际上以"规则牌""民主牌""意识形态牌"等拉拢盟友共同抵制"一带一路"，拜登政府牵头七国集团推出"重建更好的世界"（B3W），妄称以其为发展中国家提供"一带一路"替代方案。习近平主席在中美元首视频会晤中指出，中美发展都处在关键阶段，人类的"地球村"也面临诸多挑战。中美作为世界前两大经济体和联合国安理会常任理事国，应该加强沟通和合作。在共建"一带一路"合作方面，双方要有效管控分歧，在抗疫合作、绿色发展、气候变化等方面寻求共同点，继续扩大三方或多方市场合作，开展国际产能合作。共建"一带一路"可吸引包括美国在内的金融机构、多边开发机构参与，健全"一带一路"多元化投融资体系。同时，要对美方坚持中美关系的"竞争主基调"保持清醒的认识。对美国联合盟友打压"一带一路"、提供所谓"一带一路"替代方案的行为，要发挥敢于斗争、善于斗争的精神，坚决捍卫多边主义，坚定不移推动区域经济一体化进程，以惠民生工程提升共建国家民众获得感。

统筹存量和增量，要从世界经济产业发展大势出发，正确处理好共建"一带一路"项目存量和增量关系，既要推进存量项目的落实落地，又要长远谋划增量项目的方向定位。在存量方面，"一带一路"倡议实施8年来，取得积极进展和系列重大成果，形成覆盖广泛的基础设施网络和基于产业链供应链的经贸格局。但受新冠肺炎疫情和全球气候变化政策等方面影响，全球产业链供应链面临重塑，一些能源项目启动面临调整。因此，既要克服疫情等因素影响，进一步深化落实传统基础设施项目合作，又要下决心淘汰一批安全风险高、生态成本高和不可持续的项目，减少高耗能的传统基建项目，推动项目转型升级。

在增量方面，要增加新基建项目比重，打造战略支点国家的成功样板。要以公共卫生合作开拓新领域，疫情蔓延再次警示，公共卫生安全等非传统安全威胁不断上升，威胁全球人民的生命健康，国际社会必须共同应对。要加大共建"一带一路"在疫苗、卫生医疗、生物科技、生物医药等领域的合作。要以数字经济合作为新引擎，疫情进一步刺激了数字经济的发展，而中国在数字经济方面具有技术、规模、产业优势，应增强与"一带一路"国家的数字基础设施合作力度。要以绿色经济合作引领新发展，增加风能、太阳能等清洁能源联合开发，开展自然和生物多样性保护、应对气候变化等研发创新，通过发行绿色金融债券等手段支持绿色经济合作项目。

统筹整体和重点，要从全局角度处理好共建"一带一路"整体和重点的辩证关系。过去 8 年来,"一带一路"建设取得实打实、沉甸甸的成就。迄今,中国已同 149 个国家和 32 个国际组织签署 200 多份共建"一带一路"合作文件。从整体角度看,要继续秉承人类命运共同体理念,将共建"一带一路"作为中国为全球提供的国际公共产品和国际合作平台,坚持开放原则,继续扩大合作朋友圈,促进共同发展,实现共建国家互利共赢。从重点角度看,要突出重点标志性工程,以民生工程提升共建国家民众获得感,形成更多接地气、聚人心的合作成果;要突出重点区域,顺应区域经济一体化趋势,以《区域全面经济伙伴关系协定》(RCEP)启航为重要契机,加速推动亚太区域经济一体化进程,形成稳定的产业链和供应链体系,继续加快推进中日韩自由贸易区的建立,形成人口超过 15 亿的巨大区域市场;要突出重点领域,积极开展健康、绿色、数字、丝路电商等新领域合作,培育合作新增长点。

可以说,在"两个一百年"奋斗目标历史交汇点的关键时期,习近平总书记为高质量共建"一带一路"擘画出新图景。推动共建"一带一路"高质量发展,必须坚定不移推动"五个统筹",为疫情后世界经济复苏和实现共同繁荣注入新动力,将"一带一路"建设成为和平之路、繁荣之路、开放之路、绿色之路、创新之路、文明之路。

第三节　将"一带一路"打造成
"发展带"和"幸福路"

2022 年 3 月 5 日，李克强总理所作的政府工作报告，全篇贯穿"稳"的主基调，并将"稳字当头"提到了前所未有的突出重要位置，这体现了党中央对当前中国面临国际国内形势的准确把握和积极应对。我们要看到，2021 年共建"一带一路"克服了国内外错综复杂环境影响，继续保持良好势头，不断走深走实，为全球开放合作、世界经济复苏注入了新动能。2022 年，在新冠肺炎疫情反复延宕和世界经济复苏不平衡不稳定的大背景下，在全球范围内地缘冲突和政治动荡上升的冲击下，怎么看共建"一带一路"，下一步应该怎么办，都是共建"一带一路"亟须解决的问题。总体而言，2022 年，中国政府将在"稳"的主基调下，按照习近平总书记在第三次"一带一路"建设座谈会上提出的要求，继续推进高质量共建"一带一路"，将"一带一路"打造成造福世界的"发展带"、惠及各国人民的"幸福路"。

一、2022 年共建"一带一路"要稳字当头

2021 年成绩：逆势上扬。在 2022 年的"两会"政府工作报告

中，用短短的两句话来总结 2021 年共建"一带一路"的成就，即高质量共建"一带一路"稳步推进，深化共建"一带一路"务实合作。但就在这短短的两句话背后却是在世纪疫情和经济复苏乏力的背景下，共建"一带一路"逆势上扬，取得的丰硕成果。具体而言，从顶层设计上看，习近平总书记出席第三次"一带一路"建设座谈会并发表重要讲话，深刻分析当前"一带一路"建设面临的新形势，提出了"五个统筹"，为新时代推进共建"一带一路"工作提供了根本遵循。从数据上看，2021 年，中国与沿线国家贸易达到 1.8 万亿美元，同比增长 32.4%；对沿线国家直接投资 214.6 亿美元，增长 15.3%；自沿线国家吸收外资 112.5 亿美元，增长 36%。在沿线国家承包工程完成营业额 897 亿美元，占我国总体比重达到 57.9%。在海运、空运受阻时，安全高效的中欧班列逆势而上，开行 15183 列，同比增长 22%，开行量和货运量再创历史新高，成为疫情中世界的"生命通道"和"命运纽带"。从项目上看，重点硬联通项目中老铁路、以色列海法新港等重大项目顺利竣工，中巴经济走廊、比雷埃夫斯港、雅万高铁、匈塞铁路等建设运营稳步开展。从朋友圈看，又有 10 个国家同中国签署"一带一路"合作文件，共建"一带一路"大家庭成员达到 180 个。成功举办"一带一路"亚太区域国际合作高级别会议，"一带一路"疫苗合作和绿色发展伙伴关系倡议得到广泛支持。

2022 年面临的形势：机遇挑战并存，风险明显增多。习近平总书记在第三次"一带一路"建设座谈会上指出，总体上看，和平与发展的时代主题没有改变，经济全球化大方向没有改变，国际格局发展战略态势对我有利，共建"一带一路"仍面临重要机遇。这是共建"一带一路"的大势，是我们坚定推进共建"一带一路"的信心所在。但机遇和挑战都有新的变化。从国际看，世界百年未有之大变局正加速演变，新一轮科技革命和产业变革带来的激烈竞争前所未有，气候变化、疫情防控等全球性问题对人类社会带来的影响前所未有。全球正在遭受第二次世界大战结束以来最严重的经济衰退，各大经济板块历史上首次同时遭受重创，全球粮食安全、能源安全形势不容乐观。疫情导致产业链供应链危机，美国不遗余力拉小圈子遏制中国，沿线国家政治动荡风险上升，共建"一带一路"国际环境日趋复杂，不稳定性和不确定性明显增加。从国内看，我国已转向高质量发展阶段，继续发展具有多方面优势和条件，同时我国发展的不平衡不充分问题依然突出，重点领域关键环节改革任务依然艰巨，创新能力不能适应高质量发展要求。特别是在 2022 年，中国经济发展也面临多年未见的需求收缩、供给冲击、预期转弱三重压力，共建"一带一路"国内的困难因素明显上升。

2022 年主基调：稳字当头，稳中求进。2022 年政府工作报告关于共建"一带一路"的具体任务是：高质量共建"一带一路"。

坚持共商共建共享，巩固互联互通合作基础，稳步拓展合作新领域。推进西部陆海新通道建设。有序开展对外投资合作，有效防范海外风险。实现具体任务用了"巩固基础""稳步拓宽""有序开展"和"有效防范"的表述，都集中体现了一个主基调，即"稳"。做到共建"一带一路"的"稳"字，要强调稳是前提，稳是重点，2022年推进共建"一带一路"首先要考虑风险因素，切实将风险管控贯穿共建"一带一路"的全过程，做到高水平上的稳，实质上就是进。做到共建"一带一路"的"进"字，要强调进是在稳前提下的进，并非绝对数字上的进，而是推进高质量发展的进。

二、造福世界的"发展带"关键在高质量发展

"一带一路"倡议实施九年多来，取得积极进展和系列重大成果，形成覆盖广泛的基础设施网络和基于产业链供应链的经贸格局，给沿线国家和地区带来了实实在在的利益，为沿线国家的发展注入了强大的动力，成为造福世界的"发展带"。基于当前国内国际形势，下一阶段"发展带"关键在于高质量发展。具体而言，体现在"四个更高"，即更高合作水平、更高投入效益、更高供给质量和更高发展韧性。

更高合作水平。要深化政治互信，发挥政策沟通的引领和催化作用，强化"软联通"，探索建立更多合作对接机制，推动把政治共识转化为具体行动、把理念认同转化为务实成果。处理好政府引导和企业主导之间的关系。共建"一带一路"主力是企业，后盾是政府，应该坚持市场主导、企业主导、效果主导。要以开放的方式，推动"一带一路"跟世界上其他发展机构、其他国家一起合作，实现互联互通，共同繁荣。

更高投入效益。更高的投入效益基于准确评估风险的基础之上。要对"一带一路"沿线国家和地区的政局风险、安全风险、投资风险、法律风险、债务风险等建立综合评估制度，扎牢风险防控网络，全面强化风险防控。处理好政府和企业在风险防控方面的责任，压紧压实企业主体责任和主管部门管理责任。要探索建立境外项目风险的全天候预警评估综合服务平台，及时预警、定期评估。要加强海外利益保护、国际反恐、安全保障等机制的协同协作，要将风险防控作为重中之重，建立健全制度和机制，加强对重大项目的动态监测和风险预研预判。

更高供给质量。巩固基础设施"硬联通"成果，深化互联互通，完善陆、海、天、网"四位一体"互联互通布局，深化传统基础设施项目合作，推进新型基础设施项目合作，加大新基建项目比重。积极培育合作新增长点，深入发展"丝路电商"，加强数字贸易，推动构建数字合作格局。推动对外投资合作绿色发展，加强新能源、节能环保、绿色基础设施等领域合作。

更高发展韧性。共建"一带一路"在疫情暴发、全球经济复苏乏力、产业链供应链危机等"连环大考"中展现出了强大发展韧性，在生产要素流动受阻的情况下，在一定程度上为维护沿线区域乃至国际产业供应链、价值链发挥了不可或缺的作用。疫情期间，重点项目建设运营正常开展，成为统筹防疫与生产的标杆。抗疫国际合作方面，中国向"一带一路"沿线国家出口援助了大量医疗物资，在疫苗国际分配极不平衡的背景下，中国政府将中国生产疫苗作为全球公共产品向"一带一路"沿线国家提供，一定程度上缓解了沿线国家疫苗短缺的问题。下一步，要进一步处理好"一带一路"建设中存量和增量的关系，既要克服疫情等因素影响，深化落实传统基础设施项目合作，又要下决心淘汰一批安全风险高、生态成本高和不可持续的项目，减少高耗能的传统基建项目，推动项目向健康、绿色、数字、创新等新领域合作增量方面转型升级，培育合作新增长点，进一步提升沿线国家和地区的发展韧性。

三、惠及各国人民的"幸福路"重点在"三个层面"惠及

"一带一路"倡议实施九年多来，始终把基础设施"硬联通"

作为重要方向，把规则标准"软联通"作为重要支撑，把同共建国家人民"心联通"作为重要基础，打造了一批标志性民生工程，提升了共建国家民众获得感和幸福感，打造了惠及民生的"幸福路"。下一步，推进共建"一带一路"高质量发展，形成更多接地气、聚人心的合作成果，在惠民生方面重点要做到"三个层面"惠及，即沿线国家层面、企业层面和人民层面。

从国家层面看，要惠及共建国家。突出对接性和可持续性。要处理好硬联通、软联通、心联通的关系。软联通应该先行，心联通要坚持不懈地做工作，要规避硬联通大的风险，放大软联通的效能，进一步加强"一带一路"和沿线国家的政策战略对接，从沿线国家国情、发展阶段和发展需求出发，处理好我国的利益与合作国家的利益之间的关系，共同推进符合沿线国家发展水平的项目。进一步加强债务可持续性研究，建立沿线国家债务可持续性分析框架，把有效获取发展融资同保持债务可持续性统一起来，防范化解债务风险。

从企业层面看，要惠及共建国家企业。要从产业链转移的规律出发，推动劳动密集型和资本密集型产业向沿线国家转移，通过在"一带一路"沿线国家建立研发中心、制造基地和工业园区，进一步提升沿线国家企业转型升级。通过大型合作项目带动沿线国家冶炼、制造、基建、电力、电子、服务、物流等配套产业发展，增加就业机会，推动产业结构升级。加大互利共赢力度，推动沿线国家企业从依赖"输血"向自主"造血"转型，推动产业实现升级，增强沿线国家企业自主"造血功能"。

从人民层面看，要惠及共建国家人民。进一步突出心联通的效果，人民的"幸福"要看得见摸得着。突出重点标志性工程，以水、电、路、网等领域民生工程提升共建国家民众获得感，形成更多接地气、聚人心的合作成果，显著地改善当地民众的生活配套设施，提升沿线国家人民的获得感、幸福感、安全感。数据显示，2013年至2020年，中国对沿线国家累计直接投资达1360亿美元，为当地创造了33万个就业岗位。下一步，将更加聚焦农业、减贫、卫生、健康等领域，优先建设更多"小而美"项目，提升沿线国家人民的获得感，切实提升沿线国家人民就业和收入水平。与此相配套，要进一步营造良好舆论氛围，深入阐释共建"一带一路"的理念、原则、方式等，共同讲好共建"一带一路"故事，增加国际传播能力。

当前，百年变局和世纪疫情相互叠加，中国在全球性危机的惊涛骇浪中开启第二个百年征程，共建"一带一路"也在更加尖锐复杂的国内国际形势中继续前行。推动共建"一带一路"高质量发展，必须坚定不移按照习近平总书记在第三次"一带一路"建设座谈会上提出的要求，继续保持战略定力，抓住战略机遇，统筹发展和安全、统筹国内和国际、统筹合作和斗争、统筹存量和增量、统筹整体和重点，积极应对挑战，趋利避害，为疫情后世界经济复苏和实现共同繁荣注入新动力,将"一带一路"打造成造福世界的"发展带"、惠及各国人民的"幸福路",推动共建"一带一路"行稳致远。

参考文献

[1]《习近平在第三次"一带一路"建设座谈会上强调 以高标准可持续惠民生为目标 继续推动共建"一带一路"高质量发展》，载《人民日报》，2021年11月20日。

[2]习近平：《同舟共济克时艰，命运与共创未来——在博鳌亚洲论坛2021年年会开幕式上的视频主旨演讲》，载《人民日报》，2021年4月21日。

[3]《习近平出席2022年世界经济论坛视频会议并发表演讲》，载《人民日报》，2022年1月18日。

[4]习近平：《齐心开创共建"一带一路"美好未来——在第二届"一带一路"国际合作高峰论坛开幕式上的主旨演讲》，载《人民日报》，2019年4月27日。

[5]习近平：《携手推进"一带一路"建设——在"一带一路"

国际合作高峰论坛开幕式上的演讲》，载《人民日报》，2017 年
5 月 15 日。

[6]《金砖国家领导人第十四次会晤举行　习近平主持会晤
并发表重要讲话》，载《人民日报》，2022 年 6 月 24 日。

[7]《习近平出席领导人气候峰会并发表重要讲话》，载《人
民日报》，2021 年 4 月 23 日。

[8]《中央经济工作会议在北京举行　习近平李克强作重要
讲话 栗战书汪洋王沪宁赵乐际韩正出席会议》，载《人民日报》，
2021 年 12 月 11 日。

[9]万喆：《RCEP 为亚太经济注入新动力》，载《中国金
融》，2021(24)。

[10]万喆：《北京冬奥会背后的跨越式发展》，载《中国金
融》，2022(5)。

[11]万喆：《"碳中和"背景下"绿色丝绸之路"危机中育新
机》，载《中国经济评论》，2021(5)。

[12]万喆：《构筑"一带一路"互利共赢产业链》，载《光明日
报》，2021 年 5 月 10 日。

[13]万喆：《中欧班列逆势而上创新业绩》，载《经济日报》，
2021 年 5 月 17 日。

图书在版编目（CIP）数据

"一带一路"与新发展格局/万喆著. —北京：北京师范大学出版社，2022.11

（高质量共建"一带一路"丛书）

ISBN 978-7-303-28348-4

Ⅰ．①一⋯　Ⅱ．①万⋯　Ⅲ．①"一带一路"－区域经济发展－研究　Ⅳ．①F125

中国版本图书馆 CIP 数据核字（2022）第 213396 号

营　销　中　心　电　话　010-58805385

北京师范大学出版社
主题出版与重大项目策划部　http://xueda.bnup.com

YIDAIYILU YU XINFAZHAN GEJU

出版发行：北京师范大学出版社　www.bnup.com
　　　　　北京市西城区新街口外大街 12-3 号
　　　　　邮政编码：100088
印　　刷：北京盛通印刷股份有限公司
经　　销：全国新华书店
开　　本：710mm×1000mm　1/16
印　　张：11.25
字　　数：120 千字
版　　次：2022 年 11 月第 1 版
印　　次：2022 年 11 月第 1 次印刷
定　　价：72.00 元

策划编辑：祁传华　　　　责任编辑：祁传华
美术编辑：王齐云　　　　装帧设计：王齐云
责任校对：陈　民　　　　责任印制：赵　龙